RAPHAEL'S ASTRONOMICAL

Ephemeris of the Planets' Places

for 1974

Mean Obliquity of the Ecliptic, 1974, 23° 26′ 33″·59.

INTRODUCTION

In the preparation of the data for RAPHAEL'S EPHEMERIS I am supported by a team of expert mathematicians, and every calculation is checked and doubly checked, thereby reducing the possibility of error to almost nil.

It can therefore be claimed that, as far as humanly possible, complete accuracy is assured. It is for this reason that, through the centuries, RAPHAEL'S EPHEMERIS has become recognised all over the world as the most reliable Astronomical Ephemeris published.

To conform with internationally adopted procedure, all times in this Ephemeris are calculated in Ephemeris Time. A brief explanation of this is given on page 37.

RAPHAEL

BRITISH SUMMER TIME

British Summer Time begins on March 17 and ends on October 27. When *British Summer Time* (one hour in advance of G.M.T.) is used, subtract one hour from B.S.T. before entering this Ephemeris.

[Certain of the astronomical information in this Ephemeris is based upon the Astronomical Ephemeris, and is included by permission of the Controller of H.M. Stationery Office.]

Published by

LONDON: W. FOULSHAM & CO., LTD.

YEOVIL ROAD, SLOUGH, BUCKS., ENGLAND

NEW YORK TORONTO CAPE TOWN SYDNEY

ISBN 0-572-00838-4

NEW MOON—January 23, 11*h.* 2*m.* *a.m.*

D M	Neptune. Lat.	Neptune. Dec.	Herschel. Lat.	Herschel. Dec.	Saturn. Lat.	Saturn. Dec.	Jupiter. Lat.	Jupiter. Dec.	Mars. Lat.	Mars. Dec.	Mars. Dec.
	° ′	° ′	° ′	° ′	° ′	° ′	° ′	° ′	° ′	° ′	° ′
1	1 N33	20 S10	0 N35	9 S 59	1 S 2	22 N24	0 S 44	17 S 11	1 N 9	13 N30	13 N38
3	1 33	20 11	0 35	10 0	1 2	22 24	0 44	17 3	1 11	13 47	13 55
5	1 33	20 11	0 35	10 1	1 2	22 25	0 44	16 55	1 13	14 4	14 13
7	1 33	20 12	0 35	10 2	1 2	22 25	0 44	16 47	1 14	14 22	14 30
9	1 33	20 12	0 35	10 3	1 1	22 25	0 44	16 39	1 16	14 39	14 48
11	1 33	20 13	0 35	10 4	1 1	22 26	0 44	16 31	1 18	14 57	15 6
13	1 33	20 13	0 35	10 5	1 1	22 26	0 44	16 23	1 19	15 15	15 24
15	1 34	20 14	0 35	10 6	1 0	22 26	0 44	16 15	1 20	15 34	15 43
17	1 34	20 14	0 35	10 6	1 0	22 26	0 44	16 6	1 22	15 52	16 1
19	1 34	20 15	0 35	10 7	1 0	22 27	0 45	15 58	1 23	16 10	16 19
21	1 34	20 15	0 35	10 7	0 59	22 27	0 45	15 49	1 24	16 28	16 38
23	1 34	20 15	0 35	10 7	0 59	22 27	0 45	15 40	1 25	16 47	16 56
25	1 34	20 16	0 35	10 8	0 59	22 27	0 45	15 31	1 26	17 5	17 14
27	1 34	20 16	0 35	10 8	0 58	22 28	0 45	15 23	1 27	17 23	17 33
29	1 34	20 16	0 35	10 8	0 58	22 28	0 45	15 14	1 28	17 42	17 N51
31	1 N34	20 S 17	0 N35	10 S 8	0 S 58	22 N28	0 S 45	15 S 4	1 N29	18 N 0	

D M	D W	Sidereal Time	☉ Long.	☉ Dec.	☽ Long.	☽ Lat.	☽ Dec.	MIDNIGHT ☽ Long.	MIDNIGHT ☽ Dec.
		H. M. S.	° ′ ″	° ′	° ′ ″	° ′	° ′	° ′ ″	° ′
1	Tu	18 43 2	10 ♑ 41 46	23 S 1	7 ♈ 40 0	5 N13	7 N50	14 ♈ 8 33	10 N16
2	W	18 46 58	11 42 56	22 56	20 42 53	4 54	12 38	27 23 23	14 52
3	Th	18 50 55	12 44 5	22 50	4 ♉ 10 20	4 18	16 57	11 ♉ 3 58	18 51
4	F	18 54 51	13 45 14	22 44	18 4 20	3 26	20 31	25 11 23	21 53
5	S	18 58 48	14 46 22	22 37	2 ♊ 24 56	2 20	22 56	9 ♊ 44 34	23 36
6	𝕾	19 2 45	15 47 30	22 31	17 9 42	1 N 3	23 52	24 39 36	23 42
7	M	19 6 41	16 48 39	22 23	2 ♋ 13 20	0 S 20	23 5	9 ♋ 49 47	22 3
8	Tu	19 10 38	17 49 47	22 15	17 27 47	1 43	20 36	25 6 1	18 48
9	W	19 14 34	18 50 54	22 7	2 ♌ 43 12	2 58	16 40	10 ♌ 18 3	14 17
10	Th	19 18 31	19 52 1	21 58	17 49 23	3 59	11 41	25 16 7	8 57
11	F	19 22 27	20 53 9	21 49	2 ♍ 37 22	4 44	6 7	9 ♍ 52 24	3 N15
12	S	19 26 24	21 54 16	21 40	17 0 42	5 9	0 N23	24 1 57	2 S 27
13	𝕾	19 30 21	22 55 23	21 30	0 ♎ 56 2	5 15	5 S 11	7 ♎ 42 57	7 49
14	M	19 34 17	23 56 29	21 19	14 22 56	5 3	10 19	20 56 15	12 40
15	Tu	19 38 14	24 57 36	21 9	27 23 20	4 36	14 50	3 ♏ 44 39	16 48
16	W	19 42 10	25 58 43	20 57	10 ♏ 0 44	3 56	18 33	16 12 8	20 4
17	Th	19 46 7	26 59 49	20 46	22 19 27	3 6	21 21	28 23 13	22 22
18	F	19 50 3	28 0 55	20 34	4 ♐ 24 2	2 8	23 7	10 ♐ 22 26	23 37
19	S	19 54 0	29 ♑ 2 1	20 21	16 18 54	1 6	23 50	22 13 57	23 47
20	𝕾	19 57 56	0 ♒ 3 7	20 8	28 8 2	0 S 1	23 27	4 ♑ 1 32	22 52
21	M	20 1 53	1 4 12	19 55	9 ♑ 54 50	1 N 2	22 2	15 48 16	20 57
22	Tu	20 5 50	2 5 16	19 42	21 42 9	2 4	19 39	27 36 44	18 8
23	W	20 9 46	3 6 19	19 28	3 ♒ 32 17	3 0	16 27	9 ♒ 29 0	14 34
24	Th	20 13 43	4 7 22	19 14	15 27 6	3 48	12 34	21 26 47	10 25
25	F	20 17 39	5 8 24	18 59	27 28 15	4 27	8 10	3 ♓ 31 40	5 49
26	S	20 21 36	6 9 25	18 44	9 ♓ 37 14	4 54	3 S 25	15 45 12	0 S 57
27	𝕾	20 25 32	7 10 25	18 29	21 55 47	5 8	1 N32	28 9 14	4 N 1
28	M	20 29 29	8 11 24	18 13	4 ♈ 25 49	5 8	6 28	10 ♈ 45 51	8 54
29	Tu	20 33 25	9 12 22	17 57	17 9 39	4 52	11 15	23 37 32	13 30
30	W	20 37 22	10 13 18	17 41	0 ♉ 9 51	4 21	15 37	6 ♉ 46 56	17 34
31	Th	20 41 19	11 ♒ 14 13	17 S 24	13 29 6	3 N36	19 N20	20 16 37	20 N51

FIRST QUARTER—January 1, 6*h.* 6*m.* *p.m.* and January 31, 7*h.* 39*m.* *a.m.*

Full Moon—January 8, 0*h*. 36*m*. *p.m.*

D M	Venus. Lat.	Venus. Dec.	Venus. Dec.	Mercury. Lat.	Mercury. Dec.	Mercury. Dec.	☽ Node.
	° ′	° ′	° ′	° ′	° ′	° ′	° ′
1	1 N23	16 S 3	15 S 49	1 S 24	24 S 42	24 S 42	27 ♐ 53
3	1 51	15 35	15 22	1 34	24 41	24 38	27 47
5	2 20	15 9	14 57	1 42	24 33	24 27	27 41
7	2 50	14 45	14 33	1 49	24 20	24 11	27 35
9	3 21	14 22	14 12	1 55	24 0	23 48	27 28
11	3 51	14 2	13 53	2 0	23 35	23 20	27 22
13	4 22	13 45	13 37	2 4	23 4	22 46	27 15
15	4 52	13 29	13 23	2 6	22 26	22 5	27 9
17	5 21	13 16	13 11	2 6	21 42	21 18	27 3
19	5 48	13 6	13 2	2 5	20 52	20 25	26 56
21	6 14	12 59	12 56	2 1	19 56	19 26	26 50
23	6 36	12 54	12 52	1 55	18 53	18 20	26 44
25	6 55	12 51	12 51	1 47	17 45	17 9	26 37
27	7 12	12 51	12 51	1 37	16 32	15 54	26 31
29	7 24	12 52	12 S 54	1 23	15 14	14 S 33	26 25
31	7 N33	12 S 56		1 S 7	13 S 52		26 ♐ 18

Mutual Aspects.

1. ☿ □ ♇.
2. ☉ ⊻ ♀. ☿ ⊻ ♆.
3. ☿ ⊥ ♃, Q ♅. ♀ Stat.
4. ☿ ⊻ ♀. ♃ ⚼ ♄.
5. ☉ ⊥ ♆.
6. ☉ ⊻ ♃. ☿ ⊥ ♆.
7. ☉ P ♄. ☿ ⊻ ♃.
8. ♀ P ♂.
9. ☉ ☌ ☿. ♇ Stat.
11. ♂ ▽ ♇. 12. ☿ ∠ ♆.
14. ☉ ∠ ♆. ☿ □ ♅. ♀ ✱ ♆.
15. ☿ ▽ ♄, P ♄. ♀ □ ♂.
16. ♂ ▽ ♆.
18. ☉ □ ♅. ♀ △ ♇. ♂ P ♃.
19. ☉ ▽ ♄. ☿ ☌ ♀. ± ♄.
20. ☉ P ♆. ☿ P ♆, △ ♇.
21. ☉ P ☿. ☿ ✱ ♆. ♀ ± ♄.
23. ☉ ☌ ♀. ☿ □ ♂.
24. ☿ ⚼ ♄.
25. ☉ ± ♄. ♂ ± ♇.
26. ☿ P ♂.
27. ☉ △ ♇. ♂ ∠ ♄.
28. ☿ ☌ ♃, Q ♆, ⚼ ♇.
29. ☉ ✱ ♆. ☿ P ♃.
30. ☉ P ♂. ♃ Q ♆.

D M	♆ Long.	♅ Long.	♄ Long.	♃ Long.	♂ Long.	♀ Long.	☿ Long.
	° ′	° ′	° ′	° ′	° ′	° ′	° ′
1	8 ♐ 21	27 ♎ 21	0 ♋ 30	14 ♒ 31	2 ♉ 43	11 ♒ 19	6 ♑ 5
2	8 23	27 22	0 ℞ 25	14 44	3 5	11 22	7 40
3	8 25	27 24	0 20	14 58	3 28	11 ℞ 22	9 16
4	8 27	27 26	0 16	15 11	3 50	11 20	10 51
5	8 29	27 27	0 11	15 24	4 13	11 16	12 28
6	8 31	27 29	0 6	15 38	4 37	11 9	14 4
7	8 33	27 30	0 ♋ 2	15 51	5 0	11 0	15 41
8	8 35	27 31	29 ♊ 57	16 4	5 24	10 48	17 19
9	8 37	27 33	29 52	16 18	5 49	10 33	18 56
10	8 38	27 34	29 48	16 31	6 13	10 16	20 35
11	8 40	27 35	29 44	16 45	6 38	9 57	22 13
12	8 42	27 36	29 39	16 59	7 3	9 35	23 53
13	8 44	27 37	29 35	17 12	7 29	9 12	25 32
14	8 45	27 38	29 30	17 26	7 55	8 46	27 12
15	8 47	27 39	29 26	17 40	8 21	8 18	28 ♑ 53
16	8 49	27 40	29 22	17 54	8 47	7 48	0 ♒ 34
17	8 51	27 41	29 18	18 8	9 13	7 16	2 15
18	8 52	27 42	29 14	18 22	9 40	6 43	3 57
19	8 54	27 42	29 10	18 36	10 7	6 9	5 40
20	8 55	27 43	29 6	18 50	10 35	5 34	7 22
21	8 57	27 44	29 2	19 4	11 2	4 58	9 5
22	8 59	27 44	28 58	19 18	11 30	4 21	10 48
23	9 0	27 45	28 55	19 32	11 58	3 44	12 31
24	9 2	27 45	28 51	19 46	12 26	3 8	14 15
25	9 3	27 46	28 48	20 0	12 55	2 31	15 58
26	9 4	27 46	28 44	20 14	13 23	1 54	17 41
27	9 6	27 46	28 41	20 28	13 52	1 19	19 24
28	9 7	27 46	28 38	20 42	14 21	0 44	21 6
29	9 9	27 47	28 34	20 57	14 51	0 ♒ 11	22 47
30	9 10	27 47	28 31	21 11	15 20	29 ♑ 39	24 28
31	9 ♐ 11	27 ♎ 47	28 ♊ 28	21 ♒ 25	15 ♉ 50	29 ♑ 8	26 ♒ 7

Lunar Aspects.

D M	☉	♇	♆	♅	♄	♃	♂	♀	☿
1	□	☍	△				⊻	✱	□
2			⚼	☍		✱			
3					✱		☌		△
4	△	⚼			∠	□		□	
5	⚼	△	☍		⊻		⊻		⚼
6				⚼		△	∠	△	
7		□		△	☌	⚼	✱	⚼	
8	☍		⚼						☍
9		✱	△	□	⊻		□		
10		∠			∠	☍		☍	
11	⚼	⊻	□	✱	✱		△		⚼
12	△			∠			⚼		
13		☌		⊻	□	⚼		⚼	△
14			✱			△		△	
15	□		∠	☌	△				□
16		⊻	⊻		⚼		☍	□	
17	✱	∠		⊻		□			
18		✱	☌					✱	✱
19	∠			∠		✱		∠	∠
20	⊻			✱	☍	∠	⚼		
21		□	⊻				△	⊻	⊻
22			∠			⊻			
23	☌	△	✱	□				☌	
24					⚼	☌	□		☌
25		⚼		△	△			⊻	
26	⊻		□	⚼			✱		
27	∠					⊻		∠	⊻
28	✱	☍	△		□	∠	∠	✱	∠
29						✱	⊻		
30			⚼	☍	✱			□	✱
31	□				∠		☌		

Last Quarter—January 15, 7*h*. 4*m*. *a.m.*

New Moon—February 22, 5*h.* 34*m.* *a.m.*

D M	Neptune. Lat.	Neptune. Dec.	Herschel. Lat.	Herschel. Dec.	Saturn. Lat.	Saturn. Dec.	Jupiter. Lat.	Jupiter. Dec.	Mars. Lat.	Mars. Dec.	Mars. Dec.
	° ′	° ′	° ′	° ′	° ′	° ′	° ′	° ′	° ′	° ′	° ′
1	1 N34	20 S 17	0 N36	10 S 8	0 S 58	22 N28	0 S 45	15 S 0	1 N29	18 N 9	18 N18
3	1 34	20 17	0 36	10 8	0 57	22 29	0 45	14 51	1 30	18 27	18 36
5	1 34	20 18	0 36	10 8	0 57	22 29	0 45	14 42	1 31	18 44	18 53
7	1 34	20 18	0 36	10 7	0 56	22 29	0 45	14 32	1 31	19 2	19 11
9	1 35	20 18	0 36	10 7	0 56	22 30	0 46	14 23	1 32	19 19	19 28
11	1 35	20 18	0 36	10 7	0 56	22 30	0 46	14 14	1 32	19 36	19 45
13	1 35	20 18	0 36	10 6	0 55	22 30	0 46	14 4	1 33	19 53	20 2
15	1 35	20 18	0 36	10 6	0 55	22 31	0 46	13 54	1 33	20 10	20 18
17	1 35	20 19	0 36	10 5	0 55	22 31	0 46	13 45	1 34	20 26	20 34
19	1 35	20 19	0 36	10 4	0 54	22 31	0 46	13 35	1 34	20 42	20 50
21	1 35	20 19	0 36	10 3	0 54	22 32	0 46	13 26	1 34	20 58	21 5
23	1 35	20 19	0 36	10 3	0 53	22 32	0 47	13 16	1 34	21 13	21 N20
25	1 35	20 19	0 36	10 2	0 53	22 32	0 47	13 6	1 35	21 28	—
26	1 35	20 19	0 36	10 1	0 53	22 33	0 47	13 2	1 35	21 35	—
27	1 35	20 19	0 36	10 1	0 53	22 33	0 47	12 57	1 35	21 42	—
28	1 N35	20 S 19	0 N36	10 S 0	0 S 52	22 N33	0 S 47	12 52	1 N35	21 N50	

D M	D W	Sidereal Time	☉ Long.	☉ Dec.	☽ Long.	☽ Lat.	☽ Dec.	MIDNIGHT ☽ Long.	MIDNIGHT ☽ Dec.
		H. M. S.	° ′ ″	° ′	° ′ ″	° ′	° ′	° ′ ″	° ′
1	F	20 45 15	12♒15 7	17 S 8	27♉ 9 45	2 N38	22 N 5	4♊ 8 36	23 N 0
2	S	20 49 12	13 16 0	16 50	11♊13 16	1 28	23 35	18 23 38	23 46
3	𝔖	20 53 8	14 16 52	16 33	25 39 31	0 N11	23 33	3♋ 0 30	22 56
4	M	20 57 5	15 17 42	16 15	10♋26 2	1 S 8	21 54	17 55 22	20 28
5	Tu	21 1 1	16 18 30	15 57	25 27 35	2 24	18 41	3♌ 1 37	16 35
6	W	21 4 58	17 19 18	15 39	10♌36 16	3 30	14 12	18 10 17	11 36
7	Th	21 8 54	18 20 3	15 20	25 42 24	4 21	8 51	3♍11 21	5 59
8	F	21 12 51	19 20 48	15 1	10♍36 1	4 54	3 N 3	17 55 22	0 N 8
9	S	21 16 48	20 21 32	14 42	25 8 36	5 6	2 S 46	2♎15 5	5 S 34
10	𝔖	21 20 44	21 22 14	14 23	9♎14 23	5 0	8 15	16 6 17	10 48
11	M	21 24 41	22 22 56	14 3	22 50 48	4 36	13 9	29 28 5	15 19
12	Tu	21 28 37	23 23 36	13 43	5♏58 25	3 58	17 16	12♏22 14	18 58
13	W	21 32 34	24 24 15	13 23	18 40 4	3 10	20 25	24 52 30	21 37
14	Th	21 36 30	25 24 53	13 3	1♐ 0 11	2 14	22 33	7♐ 3 48	23 12
15	F	21 40 27	26 25 30	12 43	13 4 0	1 13	23 35	19 1 28	23 41
16	S	21 44 23	27 26 6	12 22	24 56 53	0 S 10	23 31	0♑50 52	23 5
17	𝔖	21 48 20	28 26 40	12 1	6♑44 2	0 N53	22 23	12 36 57	21 27
18	M	21 52 17	29♒27 13	11 40	18 30 8	1 53	20 18	24 24 2	18 55
19	Tu	21 56 13	0♓27 45	11 19	0♒19 6	2 49	17 20	6♒15 41	15 34
20	W	22 0 10	1 28 16	10 57	12 14 5	3 37	13 39	18 14 33	11 35
21	Th	22 4 6	2 28 44	10 36	24 17 19	4 17	9 23	0♓22 31	7 5
22	F	22 8 3	3 29 12	10 14	6♓30 16	4 45	4 S 43	12 40 39	2 S 16
23	S	22 11 59	4 29 37	9 52	18 53 42	5 0	0 N12	25 9 29	2 N42
24	𝔖	22 15 56	5 30 1	9 30	1♈28 1	5 0	5 11	7♈49 18	7 37
25	M	22 19 52	6 30 23	9 8	14 13 23	4 46	10 0	20 40 20	12 18
26	Tu	22 23 49	7 30 43	8 45	27 10 12	4 17	14 28	3♉43 6	16 29
27	W	22 27 45	8 31 1	8 23	10♉19 9	3 34	18 18	16 58 31	19 55
28	Th	22 31 42	9♓31 17	8 S 0	23 41 21	2 N39	21 N16	0♊27 51	22 N20

No First Quarter in February.

FULL MOON—February 6, 11*h.* 24*m.* *p.m.*

D M	Venus Lat.	Venus Dec.	Venus Dec.	Mercury Lat.	Mercury Dec.	Mercury Dec.	☽ Node
	° ′	° ′	° ′	° ′	° ′	° ′	° ′
1	7 N37	12 S 59		0 S 57	13 S 10		26 ♐ 15
			13 S 1			12 S 27	
3	7 40	13 5		0 36	11 45		26 9
			13 8			11 2	
5	7 41	13 12		0 S 12	10 20		26 2
			13 16			9 38	
7	7 39	13 20		0 N15	8 57		25 56
			13 24			8 18	
9	7 35	13 29		0 45	7 41		25 50
			13 33			7 5	
11	7 28	13 38		1 16	6 33		25 43
			13 43			6 4	
13	7 19	13 47		1 49	5 38		25 37
			13 52			5 16	
15	7 9	13 57		2 20	4 58		25 31
			14 1			4 45	
17	6 57	14 6		2 49	4 36		25 24
			14 10			4 33	
19	6 44	14 14		3 14	4 34		25 18
			14 18			4 40	
21	6 30	14 22		3 32	4 51		25 12
			14 25			5 5	
23	6 16	14 28		3 42	5 24		25 5
			14 S 31			5 S 46	
25	6 0	14 34		3 42	6 10		24 59
26	5 51	14 36	—	3 40	6 36	—	24 56
27	5 45	14 39	—	3 35	7 3	—	24 52
28	5 N37	14 S 40	—	3 N28	7 S 31	—	24 ♐ 49

Mutual Aspects.

1. ☿ ⚺ ♀, P ♀, △ ♄, △ ♅, P ♇, ♃ ⚼ ♇. ♅ Stat.
2. ⊙ ⚼ ♄. ♀ ▽ ♄.
3. ☿ ± ♇. ♀ □ ♅.
5. ☿ ⊥ ♀, P ♅. 7. ☿ ▽ ♇.
9. ⊙ □ ♂. ☿ Q ♂.
10. ⊙ P ♃, Q ♆, ⚼ ♇. ☿ □ ♆.
11. ♂ ⚼ ♇.
12. ⊙ P ♀. ☿ ∠ ♀. ♂ ⊥ ♄.
13. ⊙ ☌ ♃. ♀ Stat.
14. ⊙ ⚺ ♀. P ♇.
15. ☿ Stat. ♀ P ♃. [P ♆.
16. ⊙ △ ♄, △ ♅. ☿ Q ♂. ♂
18. ☿ ∠ ♀. 19. ⊙ ± ♇.
20. ♂ □ ♃. 21. ☿ □ ♆.
22. ⊙ ⊥ ♀. ♀ □ ♅. ♂ ▽ ♅.
23. ⊙ P ♅. ♀ △ ♂, ▽ ♄. ♂ ⚺ ♄.
24. ⊙ ☌ ☿. ☿ ▽ ♇. ♃ P ♇.
25. ⊙ ▽ ♇. ☿ ⊥ ♀. ♃ △ ♅.
27. ♃ △ ♄. ♄ Stat.
28. ⊙ □ ♆.

D M	♆ Long.	♅ Long.	♄ Long.	♃ Long.	♂ Long.	♀ Long.	☿ Long.
	° ′	° ′	° ′	° ′	° ′	° ′	° ′
1	9 ♐ 12	27 ♎ 47	28 ♊ 26	21 ♒ 39	16 ♉ 19	28 ♑ 39	27 ♒ 44
2	9 14	27 ℞47	28 ℞23	21 54	16 49	28 ℞12	29 ♒ 19
3	9 15	27 47	28 20	22 8	17 19	27 47	0 ♓ 51
4	9 16	27 47	28 17	22 22	17 50	27 25	2 20
5	9 17	27 46	28 15	22 37	18 20	27 4	3 45
6	9 18	27 46	28 13	22 51	18 51	26 46	5 5
7	9 19	27 46	28 10	23 6	19 22	26 30	6 21
8	9 21	27 45	28 8	23 20	19 52	26 17	7 30
9	9 22	27 45	28 6	23 34	20 23	26 6	8 33
10	9 23	27 44	28 4	23 49	20 55	25 58	9 28
11	9 24	27 44	28 2	24 3	21 26	25 52	10 15
12	9 24	27 43	28 0	24 17	21 57	25 49	10 53
13	9 25	27 43	27 59	24 32	22 29	25 D48	11 22
14	9 26	27 42	27 57	24 46	23 0	25 50	11 41
15	9 27	27 41	27 56	25 1	23 32	25 54	11 50
16	9 28	27 40	27 54	25 15	24 4	26 0	11 ℞48
17	9 29	27 40	27 53	25 29	24 36	26 9	11 36
18	9 29	27 39	27 52	25 44	25 8	26 20	11 13
19	9 30	27 38	27 51	25 58	25 41	26 33	10 41
20	9 31	27 37	27 50	26 13	26 13	26 48	10 1
21	9 31	27 36	27 49	26 27	26 46	27 5	9 12
22	9 32	27 34	27 49	26 41	27 18	27 25	8 17
23	9 33	27 33	27 48	26 56	27 51	27 46	7 18
24	9 33	27 32	27 48	27 10	28 24	28 8	6 14
25	9 34	27 31	27 47	27 24	28 57	28 33	5 10
26	9 34	27 30	27 47	27 39	29 ♉ 29	29 0	4 4
27	9 35	27 28	27 47	27 53	0 ♊ 3	29 27	3 1
28	9 ♐ 35	27 ♎ 27	27 D47	28 ♒ 7	0 ♊ 36	29 ♑ 57	2 ♓ 0

Lunar Aspects.

D M	⊙	♇	♆	♅	♄	♃	♂	♀	☿
1		⚼			⚺	□		△	□
2	△	△	☍	⚼			⚺	⚼	
3	⚼			△	●	△	∠		△
4		□				⚼			
5			⚼	□	⚺		✱	☍	⚼
6	☍	✱	△		∠				
7		∠		✱	✱	☍	□		
8		⚺	□	∠				⚼	☍
9				⚺	□		△	△	
10	⚼	☌	✱			⚼	⚼		
11	△		∠	☌	△	△		□	⚼
12		⚺	⚺						△
13		∠			⚼	□	☍		
14	□	✱		⚺				✱	
15			☌	∠				∠	□
16	✱			✱	☍	✱		⚺	
17		□	⚺			∠	⚼		✱
18	∠								
19	⚺		∠	□		⚺	△	☌	∠
20		△	✱		⚼				⚺
21		⚼		△	△	☌	□	⚺	
22	☌		□	⚼				∠	☌
23									
24	⚺	☍			□	⚺	✱	✱	⚺
25			△			∠	∠		∠
26	∠		⚼	☍	✱	✱	⚺	□	✱
27	✱				∠				
28		⚼			⚺	□		△	

LAST QUARTER—February 14, 0*h.* 4*m.* *a.m.*

New Moon—March 23, 9*h*. 24*m*. *p.m*.

6							MARCH, 1974				[*RAPHAEL'S*	
D	Neptune.		Herschel.		Saturn.		Jupiter.		Mars			
M	Lat.	Dec.	Lat.	Dec.	Lat.	Dec.	Lat.	Dec.	Lat.	Dec.		
	° ′	° ′	° ′	° ′	° ′	° ′	° ′	° ′	° ′	° ′	° ′	
1	1 N35	20 S 19	0 N36	10 S 0	0 S 52	22 N33	0 S 47	12 S 47	1 N35	21 N57	22 N 3	
3	1 36	20 19	0 36	9 58	0 52	22 34	0 47	12 37	1 35	22 10	22 17	
5	1 36	20 19	0 36	9 57	0 51	22 34	0 48	12 28	1 35	22 24	22 30	
7	1 36	20 19	0 36	9 56	0 51	22 34	0 48	12 18	1 35	22 36	22 43	
9	1 36	20 19	0 36	9 55	0 51	22 35	0 48	12 8	1 35	22 49	22 55	
11	1 36	20 19	0 36	9 53	0 50	22 35	0 48	11 58	1 35	23 1	23 6	
13	1 36	20 19	0 36	9 52	0 50	22 36	0 48	11 49	1 35	23 12	23 17	
15	1 36	20 19	0 36	9 51	0 50	22 36	0 49	11 39	1 35	23 23	23 28	
17	1 36	20 18	0 36	9 49	0 49	22 36	0 49	11 29	1 35	23 33	23 38	
19	1 36	20 18	0 36	9 48	0 49	22 37	0 49	11 20	1 35	23 43	23 48	
21	1 36	20 18	0 36	9 46	0 49	22 37	0 49	11 10	1 35	23 52	23 57	
23	1 37	20 18	0 37	9 44	0 48	22 38	0 50	11 1	1 35	24 1	24 5	
25	1 37	20 18	0 37	9 43	0 48	22 38	0 50	10 51	1 35	24 9	24 13	
27	1 37	20 18	0 37	9 41	0 47	22 39	0 50	10 42	1 35	24 16	24 20	
29	1 37	20 17	0 37	9 39	0 47	22 39	0 50	10 32	1 35	24 23	24 N27	
31	1 N37	20 S 17	0 N37	9 S 37	0 S 47	22 N39	0 S 51	10 S 23	1 N35	24 N30		

D M	D W	Sidereal Time	☉ Long.	☉ Dec.	☽ Long.	☽ Lat.	☽ Dec.	MIDNIGHT ☽ Long.	MIDNIGHT ☽ Dec.
		H. M. S.	° ′ ″	° ′	° ′ ″	° ′	° ′	° ′ ″	° ′
1	F	22 35 39	10 ♓ 31 32	7 S 37	7 ♊ 18 12	1 N34	23 N 4	14 ♊ 12 32	23 N28
2	S	22 39 35	11 31 44	7 15	21 10 58	0 N22	23 30	28 13 34	23 10
3	𝔖	22 43 32	12 31 54	6 52	5 ♋ 20 17	0 S 53	22 27	12 ♋ 31 0	21 21
4	M	22 47 28	13 32 2	6 29	19 45 27	2 6	19 55	27 3 12	18 8
5	Tu	22 51 25	14 32 8	6 5	4 ♌ 23 44	3 11	16 4	11 ♌ 46 20	13 44
6	W	22 55 21	15 32 12	5 42	19 10 11	4 4	11 12	26 34 18	8 30
7	Th	22 59 18	16 32 13	5 19	3 ♍ 57 41	4 41	5 N41	11 ♍ 19 17	2 N48
8	F	23 3 14	17 32 13	4 56	18 38 3	4 59	0 S 6	25 52 59	2 S 58
9	S	23 7 11	18 32 11	4 32	3 ♎ 3 13	4 57	5 46	10 ♎ 7 59	8 27
10	𝔖	23 11 8	19 32 7	4 9	17 6 43	4 37	11 0	23 58 59	13 21
11	M	23 15 4	20 32 1	3 45	0 ♏ 44 35	4 2	15 31	7 ♏ 23 27	17 26
12	Tu	23 19 1	21 31 54	3 22	13 55 42	3 15	19 7	20 21 35	20 32
13	W	23 22 57	22 31 45	2 58	26 41 30	2 19	21 40	2 ♐ 55 54	22 32
14	Th	23 26 54	23 31 34	2 34	9 ♐ 5 23	1 18	23 6	15 10 32	23 23
15	F	23 30 50	24 31 21	2 11	21 12 3	0 S 14	23 23	27 10 37	23 7
16	S	23 34 47	25 31 7	1 47	3 ♑ 6 55	0 N48	22 36	9 ♑ 1 40	21 49
17	𝔖	23 38 43	26 30 51	1 23	14 55 34	1 49	20 48	20 49 15	19 34
18	M	23 42 40	27 30 33	0 59	26 43 22	2 44	18 7	2 ♒ 38 31	16 30
19	Tu	23 46 37	28 30 14	0 36	8 ♒ 35 14	3 33	14 41	14 34 0	12 44
20	W	23 50 33	29 ♓ 29 53	0 S 12	20 35 16	4 13	10 38	26 39 23	8 25
21	Th	23 54 30	0 ♈ 29 30	0 N12	2 ♓ 46 38	4 41	6 6	8 ♓ 57 16	3 S 43
22	F	23 58 26	1 29 4	0 36	15 11 24	4 57	1 S 16	21 29 7	1 N14
23	S	0 2 23	2 28 37	0 59	27 50 26	4 59	3 N43	4 ♈ 15 17	6 12
24	𝔖	0 6 19	3 28 8	1 23	10 ♈ 43 36	4 46	8 38	17 15 12	10 59
25	M	0 10 16	4 27 37	1 46	23 49 57	4 17	13 14	0 ♉ 27 38	15 21
26	Tu	0 14 12	5 27 4	2 10	7 ♉ 8 5	3 35	17 17	13 51 9	19 0
27	W	0 18 9	6 26 29	2 34	20 36 39	2 39	20 28	27 24 29	21 39
28	Th	0 22 6	7 25 51	2 57	4 ♊ 14 32	1 34	22 32	11 ♊ 6 46	23 5
29	F	0 26 2	8 25 11	3 20	18 1 9	0 N22	23 17	24 57 40	23 6
30	S	0 29 59	9 24 29	3 44	1 ♋ 56 17	0 S 51	22 34	8 ♋ 57 1	21 ·41
31	𝔖	0 33 55	10 ♈ 23 45	4 N 7	15 59 48	2 S 2	20 N27	23 4 33	18 N54

First Quarter—March 1, 6*h*. 3*m*. *p.m*. and March 31, 1*h*. 44*m*. *a.m*.

Full Moon—March 8, 10*h*. 3*m*. *a.m.*

D M	Venus. Lat.	Venus. Dec.		Mercury Lat.	Mercury Dec.		☽ Node.
	° ′	° ′	° ′	° ′	° ′	° ′	° ′
1	5 N29	14 S 42	14 S 43	3 N20	7 S 59	8 S 27	24 ♐ 46
3	5 13	14 44	14 44	2 58	8 53	9 18	24 40
5	4 56	14 44	14 43	2 33	9 42	10 4	24 33
7	4 40	14 42	14 41	2 6	10 24	10 41	24 27
9	4 24	14 39	14 37	1 37	10 56	11 10	24 21
11	4 8	14 34	14 31	1 9	11 21	11 29	24 14
13	3 51	14 27	14 23	0 41	11 36	11 41	24 8
15	3 35	14 18	14 13	0 N15	11 43	11 43	24 2
17	3 20	14 8	14 2	0 S 9	11 42	11 38	23 55
19	3 5	13 55	13 48	0 31	11 32	11 25	23 49
21	2 49	13 41	13 33	0 52	11 16	11 5	23 43
23	2 34	13 24	13 15	1 11	10 53	10 39	23 36
25	2 19	13 6	12 56	1 27	10 23	10 6	23 30
27	2 4	12 46	12 35	1 42	9 47	9 27	23 24
29	1 50	12 24	12 S 12	1 55	9 5	8 S 42	23 17
31	1 N36	12 S 0		2 S 6	8 S 17		23 ♐ 11

Mutual Aspects.

1. ☉P☿. ☿⊻♀, □ ♂.
2. ☿ ± ♇. 3. ☉ ⚼ ♅.
4. ☿ ☌ ♃. 5. ♂ ± ♅.
6. ☿ △ ♄, P ♅.
7. ♀ ± ♄. ♂ P ♄.
8. ☿ △ ♅. ♃ ± ♇.
9. ☿ Stat.
10. ☿ △ ♅. ♀ △ ♇. ♂ △ ♇.
11. ♀ △ ♂.
12. ☉ ± ♅. ♆ Stat.
14. ☿ P ♃, △ ♄.
15. ♀ ✱ ♆. 16. ♂ ☍ ♆.
17. ☉ ∠ ♀, ▽ ♅. ☿ ± ♇.
19. ☉ □ ♄. ♀ ⚼ ♄.
20. ♂ ⚼ ♅.
21. ☉ Q ♂. ☿ ☌ ♃.
22. ☿ P ♃. ♀ P ♇.
24. ☉ ⊻ ♃. ☿ ▽ ♇.
26. ☉ ☍ ♇.
27. ☿ P ♅, □ ♆. ♀ ⚼ ♇.
28. ♀ Q ♆. 29. ☿ ⚼ ♅.
30. ☉ △ ♆. 31. ♃ ▽ ♇.

D M	♆ Long.	♅ Long.	♄ Long.	♃ Long.	♂ Long.	♀ Long.	☿ Long.	Lunar Aspects. ☉	♇	♆	♅	♄	♃	♂	♀	☿
	° ′	° ′	° ′	° ′	° ′	° ′	° ′									
1	9 ♐ 35	27 ♎ 25	27 ♊ 47	28 ♒ 21	1 ♊ 9	0 ♒ 28	1 ♓ 4	□	△	☍	⚼			●		□
2	9 36	27 ℞ 24	27 47	28 36	1 42	1 0	0 ℞ 12				△	●			⚼	
3	9 36	27 22	27 48	28 50	2 16	1 34	29 ♒ 26		□				△	⊻		△
4	9 36	27 21	27 48	29 4	2 49	2 10	28 46	△		⚼			⚼	∠		⚼
5	9 37	27 19	27 49	29 18	3 23	2 46	28 13	⚼	✱	△	□	⊻		✱	☍	
6	9 37	27 17	27 49	29 32	3 56	3 24	27 47		∠			∠				
7	9 37	27 16	27 50	29 ♒ 46	4 30	4 3	27 27		⊻	□	✱	✱	☍	□		☍
8	9 37	27 14	27 51	0 ♓ 0	5 4	4 43	27 15	☍			∠				⚼	
9	9 37	27 12	27 52	0 15	5 38	5 25	27 9		☌	✱	⊻	□		△	△	
10	9 37	27 10	27 53	0 29	6 12	6 7	27 D 9						⚼	⚼		⚼
11	9 37	27 9	27 55	0 43	6 46	6 50	27 16	⚼	⊻	∠	☌	△	△		□	△
12	9 ℞ 37	27 7	27 56	0 57	7 20	7 35	27 28			⊻		⚼				
13	9 37	27 5	27 57	1 10	7 54	8 20	27 46	△	∠		⊻		□			□
14	9 37	27 3	27 59	1 24	8 28	9 7	28 9		✱	☌	∠			☍	✱	
15	9 37	27 1	28 1	1 38	9 2	9 54	28 37	□			✱				∠	
16	9 37	26 59	28 3	1 52	9 37	10 42	29 10		□			☍	✱			✱
17	9 37	26 57	28 4	2 6	10 11	11 30	29 ♒ 46			⊻			∠		⊻	∠
18	9 37	26 55	28 6	2 20	10 45	12 20	0 ♓ 27	✱		∠	□		⊻	⚼		⊻
19	9 36	26 52	28 9	2 33	11 20	13 10	1 12	∠	△	✱		⚼		△	●	
20	9 36	26 50	28 11	2 47	11 54	14 1	2 0		⚼							
21	9 36	26 48	28 13	3 0	12 29	14 53	2 52	⊻			△	△	☌			☌
22	9 35	26 46	28 16	3 14	13 4	15 46	3 46			□	⚼			□	⊻	
23	9 35	26 44	28 18	3 28	13 38	16 38	4 44	☌				□	⊻		∠	
24	9 35	26 41	28 21	3 41	14 13	17 32	5 44		☍	△				✱		⊻
25	9 34	26 39	28 23	3 54	14 48	18 26	6 47			⚼	☍	✱	∠	∠	✱	∠
26	9 34	26 37	28 26	4 8	15 23	19 21	7 52	⊻				∠	✱			✱
27	9 33	26 34	28 29	4 21	15 57	20 16	9 0	∠	⚼					⊻	□	
28	9 33	26 32	28 32	4 34	16 32	21 12	10 10	✱	△	☍		⊻	□			□
29	9 32	26 29	28 35	4 48	17 7	22 8	11 22				⚼			●	△	
30	9 32	26 27	28 39	5 1	17 42	23 5	12 36		□		△	●	△		⚼	
31	9 ♐ 31	26 ♎ 25	28 ♊ 42	5 ♓ 14	18 ♊ 17	24 ♒ 2	13 ♓ 52	□					⚼	⊻		△

Last Quarter—March 15, 7*h*. 15*m*. *p.m.*

NEW MOON—April 22, 10*h.* 17*m. a.m.*

D M	Neptune. Lat.	Neptune. Dec.	Herschel. Lat.	Herschel. Dec.	Saturn. Lat.	Saturn. Dec.	Jupiter. Lat.	Jupiter. Dec.	Mars. Lat.	Mars. Dec.	Mars. Dec.
	° ′	° ′	° ′	° ′	° ′	° ′	° ′	° ′	° ′	° ′	° ′
1	1 N 37	20 S 17	0 N 37	9 S 37	0 S 47	22 N 40	0 S 51	10 S 18	1 N 34	24 N 33	24 N 36
3	1 37	20 17	0 37	9 35	0 46	22 40	0 51	10 9	1 34	24 38	24 41
5	1 37	20 16	0 37	9 33	0 46	22 40	0 51	10 0	1 34	24 43	24 45
7	1 37	20 16	0 37	9 31	0 46	22 41	0 52	9 51	1 34	24 47	24 49
9	1 37	20 16	0 37	9 29	0 45	22 41	0 52	9 42	1 34	24 51	24 52
11	1 37	20 15	0 37	9 27	0 45	22 42	0 52	9 33	1 33	24 54	24 55
13	1 37	20 15	0 37	9 26	0 45	22 42	0 53	9 24	1 33	24 56	24 57
15	1 37	20 15	0 37	9 24	0 44	22 42	0 53	9 15	1 33	24 57	24 58
17	1 38	20 14	0 37	9 22	0 44	22 43	0 53	9 7	1 32	24 58	24 59
19	1 38	20 14	0 36	9 20	0 44	22 43	0 54	8 58	1 32	24 59	24 59
21	1 38	20 13	0 36	9 18	0 43	22 43	0 54	8 50	1 32	24 58	24 58
23	1 38	20 13	0 36	9 16	0 43	22 44	0 55	8 42	1 31	24 57	24 56
25	1 38	20 12	0 36	9 15	0 43	22 44	0 55	8 33	1 31	24 55	24 54
27	1 38	20 12	0 36	9 13	0 42	22 44	0 55	8 25	1 31	24 53	24 N 52
29	1 38	20 12	0 36	9 11	0 42	22 44	0 56	8 18	1 30	24 50	
30	1 N 38	20 S 11	0 N 36	9 S 10	0 S 42	22 N 44	0 S 56	8 S 14	1 N 30	24 N 48	

D M	D W	Sidereal Time	☉ Long.	☉ Dec.	☽ Long.	☽ Lat.	☽ Dec.	MIDNIGHT ☽ Long.	MIDNIGHT ☽ Dec.
		H. M. S.	° ′ ″	° ′	° ′ ″	° ′	° ′	° ′ ″	° ′
1	M	0 37 52	11 ♈ 22 58	4 N 30	0 ♌ 11 8	3 S 7	17 N 4	7 ♌ 19 18	14 N 58
2	Tu	0 41 48	12 22 9	4 53	14 28 47	4 0	12 39	21 39 9	10 10
3	W	0 45 45	13 21 17	5 16	28 49 56	4 38	7 31	6 ♍ 0 34	4 N 48
4	Th	0 49 41	14 20 23	5 39	13 ♍ 10 24	4 59	2 N 0	20 18 45	0 S 48
5	F	0 53 38	15 19 27	6 2	27 24 55	5 1	3 S 35	4 ♎ 28 11	6 18
6	S	0 57 35	16 18 28	6 25	11 ♎ 27 56	4 45	8 54	18 23 32	11 23
7	𝔖	1 1 31	17 17 28	6 48	25 14 29	4 12	13 41	2 ♏ 0 24	15 47
8	M	1 5 28	18 16 26	7 10	8 ♏ 41 0	3 26	17 39	15 16 9	19 16
9	Tu	1 9 24	19 15 22	7 32	21 45 48	2 30	20 37	28 10 4	21 42
10	W	1 13 21	20 14 16	7 55	4 ♐ 29 10	1 28	22 29	10 ♐ 43 25	22 58
11	Th	1 17 17	21 13 8	8 17	16 53 12	0 S 22	23 10	22 59 2	23 5
12	F	1 21 14	22 11 58	8 39	29 1 26	0 N 42	22 44	5 ♑ 1 0	22 7
13	S	1 25 10	23 10 47	9 1	10 ♑ 58 21	1 44	21 15	16 54 10	20 10
14	𝔖	1 29 7	24 9 34	9 22	22 49 5	2 42	18 51	28 43 46	17 21
15	M	1 33 3	25 8 19	9 44	4 ♒ 38 55	3 32	15 40	10 ♒ 35 8	13 50
16	Tu	1 37 0	26 7 2	10 5	16 33 5	4 13	11 51	22 33 19	9 44
17	W	1 40 57	27 5 44	10 26	28 36 23	4 44	7 31	4 ♓ 42 47	5 13
18	Th	1 44 53	28 4 24	10 47	10 ♓ 52 55	5 2	2 S 50	17 7 9	0 S 23
19	F	1 48 50	29 ♈ 3 2	11 8	23 25 45	5 6	2 N 5	29 48 53	4 N 33
20	S	1 52 46	0 ♉ 1 39	11 29	6 ♈ 16 39	4 55	7 1	12 ♈ 49 4	9 25
21	𝔖	1 56 43	1 0 13	11 50	19 26 0	4 29	11 45	26 7 18	13 58
22	M	2 0 39	1 58 46	12 10	2 ♉ 52 42	3 47	16 1	9 ♉ 41 53	17 53
23	Tu	2 4 36	2 57 17	12 30	16 34 29	2 51	19 31	23 30 5	20 53
24	W	2 8 32	3 55 46	12 50	0 ♊ 28 15	1 44	21 57	7 ♊ 28 35	22 41
25	Th	2 12 29	4 54 13	13 10	14 30 39	0 N 30	23 3	21 34 5	23 3
26	F	2 16 26	5 52 38	13 29	28 38 31	0 S 46	22 40	5 ♋ 43 37	21 56
27	S	2 20 22	6 51 1	13 48	12 ♋ 49 8	2 0	20 50	19 54 47	19 25
28	𝔖	2 24 19	7 49 22	14 7	27 0 22	3 6	17 42	4 ♌ 5 40	15 44
29	M	2 28 15	8 47 41	14 26	11 ♌ 10 29	4 1	13 33	18 14 37	11 11
30	Tu	2 32 12	9 ♉ 45 57	14 N 45	25 17 50	4 S 42	8 N 40	2 ♍ 19 57	6 N 2

FIRST QUARTER—April 29, 7*h.*, 39*m. a.m.*

Full Moon—April 6, 9*h*. 0*m*. *p.m.*

D M	Venus. Lat.	Venus. Dec.		Mercury. Lat.	Mercury. Dec.		☽ Node.
	° ′	° ′	° ′	° ′	° ′	° ′	° ′
1	1 N30	11 S 47	11 S 34	2 S 11	7 S 51	7 S 24	23 ♐ 8
3	1 16	11 20	11 6	2 19	6 56	6 26	23 1
5	1 3	10 52	10 37	2 25	5 55	5 22	22 55
7	0 51	10 22	10 6	2 29	4 49	4 14	22 49
9	0 39	9 50	9 33	2 31	3 39	3 1	22 42
11	0 27	9 16	8 59	2 30	2 23	1 44	22 36
13	0 16	8 41	8 23	2 28	1 S 4	0 S 23	22 29
15	0 N 5	8 5	7 46	2 24	0 N19	1 N 3	22 23
17	0 S 6	7 27	7 8	2 18	1 47	2 32	22 17
19	0 16	6 48	6 28	2 10	3 18	4 4	22 10
21	0 26	6 8	5 47	1 59	4 52	5 40	22 4
23	0 35	5 26	5 5	1 47	6 29	7 18	21 58
25	0 44	4 43	4 22	1 33	8 8	8 58	21 51
27	0 52	4 0	3 S 38	1 17	9 49	10 N40	21 45
29	1 0	3 15		0 59	11 31		21 39
30	1 S 4	2 S 53	—	0 S 50	12 N22	—	21 ♐ 35

Mutual Aspects.

1. ☉ ⊥ ♃.
2. ♀ △ ♅. [± ♇.
5. ☉ P ☿. ☿ ± ♅. ♀ △ ♄,
6. ☿ □ ♂. 7. ☉ Q ♄.
9. ☿ ▽ ♅.
10. ♀ P ♃, P ♅.
11. ☿ □ ♄. ♀ ▽ ♇. [P ♅.
13. ☉ P ♀, ∠ ♃. ♂ △ ♅. ♃
14. ☉ P ♃, P ♅ ⚼ ♆.
☿ ☍ ♇. ♀ ☌ ♃.
15. ♀ □ ♆.
16. ☉ ☍ ♅. ☿ ⚺ ♃.
17. ☿ △ ♆. ♀ ⚼ ♅.
19. ☿ ⚺ ♀. ♃ □ ♆. [☌ ♄.
20. ☉ ✱ ♂, ✱ ♄. ☿ ⊥ ♃. ♂
22. ☿ P ♀, Q ♂, Q ♄.
23. ☉ ± ♆.
25. ☉ ▽ ♇. ☿ ∠ ♃, P ♃, ☍
♅, ⚼ ♆. ♀ ± ♅. ♃ ⚼ ♅.
26. ☉ ∠ ♀. ☿ ⊥ ♀, P ♅.
27. ☉ P ♇.
28. ☿ ✱ ♄. ♂ □ ♇.
29. ☉ ▽ ♆. ☿ ± ♆.
30. ☿ ▽ ♇. ♀ ▽ ♅.

D M	♆ Long.	♅ Long.	♄ Long.	♃ Long.	♂ Long.	♀ Long.	☿ Long.	☉	♇	♆	♅	♄	♃	♂	♀	☿
	° ′	° ′	° ′	° ′	° ′	° ′	° ′	Lunar Aspects.								
1	9 ♐ 30	26 ♎ 22	28 ♊ 45	5 ♓ 27	18 ♊ 52	25 ♒ 0	15 ♓ 11		✱	⚼	□	⚺		∠		⚼
2	9 ℞ 30	26 ℞ 20	28 49	5 40	19 28	25 58	16 30	△	∠	△		∠		✱		
3	9 29	26 17	28 53	5 53	20 3	26 56	17 52	⚼	⚺		✱	✱	☍		☍	
4	9 28	26 15	28 56	6 5	20 38	27 55	19 16			□	∠					☍
5	9 27	26 12	29 0	6 18	21 13	28 55	20 41				⚺	□		□		
6	9 27	26 10	29 4	6 31	21 48	29 ♒ 54	22 8	☍	☌	✱					⚼	
7	9 26	26 7	29 8	6 44	22 24	0 ♓ 54	23 36			∠	☌	△	⚼	△	△	
8	9 25	26 5	29 12	6 56	22 59	1 55	25 7		⚺	⚺		⚼	△	⚼		⚼
9	9 24	26 2	29 16	7 9	23 35	2 56	26 38		∠		⚺					△
10	9 23	26 0	29 21	7 21	24 10	3 57	28 12	⚼	✱	☌			□		□	
11	9 22	25 57	29 25	7 33	24 45	4 58	29 ♓ 47	△			∠					
12	9 21	25 55	29 29	7 46	25 21	6 0	1 ♈ 23		□		✱	☍		☍		□
13	9 20	25 52	29 34	7 58	25 56	7 2	3 1			⚺			✱		✱	
14	9 19	25 49	29 39	8 10	26 32	8 4	4 41	□		∠	□		∠		∠	
15	9 18	25 47	29 43	8 22	27 7	9 6	6 22		△	✱			⚺		⚺	✱
16	9 17	25 44	29 48	8 34	27 43	10 9	8 5		⚼			⚼		⚼		
17	9 16	25 42	29 53	8 46	28 19	11 12	9 50	✱			△	△		△		∠
18	9 15	25 39	29 ♊ 58	8 58	28 54	12 16	11 36	∠		□	⚼		☌		☌	⚺
19	9 14	25 36	0 ♋ 3	9 9	29 ♊ 30	13 19	13 23	⚺						□		
20	9 13	25 34	0 8	9 21	0 ♋ 5	14 23	15 13		☍	△		□	⚺			
21	9 12	25 31	0 13	9 32	0 41	15 27	17 4			⚼	☍		∠		⚺	☌
22	9 11	25 29	0 18	9 44	1 17	16 31	18 56	☌				✱		✱	∠	
23	9 9	25 26	0 24	9 55	1 53	17 36	20 50		⚼			∠	✱	∠	✱	⚺
24	9 8	25 24	0 29	10 7	2 29	18 40	22 46	⚺	△			⚺		⚺		
25	9 7	25 21	0 34	10 18	3 4	19 45	24 43	∠		☍	⚼		□		□	∠
26	9 6	25 19	0 40	10 29	3 40	20 50	26 42		□		△	☌		☌		✱
27	9 4	25 16	0 46	10 40	4 16	21 56	28 ♈ 43	✱					△			
28	9 3	25 14	0 51	10 51	4 52	23 1	0 ♉ 45			⚼	□	⚺			△	□
29	9 2	25 11	0 57	11 1	5 28	24 7	2 49	□	✱	△		∠	⚼	⚺	⚼	
30	9 ♐ 0	25 ♎ 9	1 ♋ 3	11 ♓ 12	6 ♋ 4	25 ♓ 12	4 ♉ 53		∠		✱	✱		∠		

Last Quarter—April 14, 2*h*. 57*m*. *p.m.*

New Moon—May 21, 8*h.* 34*m.* *p.m.*

D M	Neptune. Lat.	Neptune. Dec.	Herschel. Lat.	Herschel. Dec.	Saturn. Lat.	Saturn. Dec.	Jupiter. Lat.	Jupiter. Dec.	Mars. Lat.	Mars. Dec.	
	° ′	° ′	° ′	° ′	° ′	° ′	° ′	° ′	° ′	° ′	° ′
1	1 N38	20 S 11	0 N36	9 S 9	0 S 42	22 N44	0 S 56	8 S 10	1 N30	24 N46	24 N44
3	1 38	20 11	0 36	9 7	0 42	22 45	0 57	8 2	1 30	24 42	24 40
5	1 38	20 10	0 36	9 6	0 41	22 45	0 57	7 55	1 29	24 37	24 34
7	1 38	20 10	0 36	9 4	0 41	22 45	0 57	7 48	1 29	24 31	24 28
9	1 38	20 9	0 36	9 2	0 41	22 45	0 58	7 41	1 28	24 25	24 21
11	1 38	20 9	0 36	9 1	0 40	22 45	0 58	7 34	1 28	24 18	24 14
13	1 38	20 8	0 36	8 59	0 40	22 45	0 59	7 27	1 28	24 10	24 6
15	1 38	20 8	0 36	8 58	0 40	22 45	0 59	7 21	1 27	24 2	23 58
17	1 38	20 7	0 36	8 56	0 40	22 45	1 0	7 14	1 27	23 53	23 48
19	1 38	20 7	0 36	8 55	0 39	22 45	1 0	7 8	1 26	23 43	23 38
21	1 38	20 6	0 36	8 53	0 39	22 45	1 1	7 2	1 26	23 33	23 28
23	1 38	20 6	0 36	8 52	0 39	22 45	1 1	6 56	1 25	23 22	23 16
25	1 38	20 5	0 36	8 51	0 39	22 45	1 2	6 51	1 25	23 10	23 5
27	1 38	20 5	0 36	8 50	0 38	22 44	1 2	6 46	1 24	22 58	22 52
29	1 38	20 4	0 36	8 48	0 38	22 44	1 3	6 41	1 24	22 46	22 N39
31	1 N38	20 S 4	0 N36	8 S 47	0 S 38	22 N44	1 S 3	6 S 36	1 N23	22 N32	

D M	D W	Sidereal Time	☉ Long.	☉ Dec.	☽ Long.	☽ Lat.	☽ Dec.	MIDNIGHT ☽ Long.	MIDNIGHT ☽ Dec.
		H. M. S.	° ′ ″	° ′	° ′ ″	° ′	° ′	° ′ ″	° ′
1	W	2 36 8	10♉ 44 11	15 N 3	9♍20 41	5 S 5	3 N21	16♍19 45	0 N38
2	Th	2 40 5	11 42 24	15 21	23 16 53	5 10	2 S 5	0♎11 46	4 S 45
3	F	2 44 1	12 40 34	15 39	7♎ 4 3	4 57	7 21	13 53 27	9 50
4	S	2 47 58	13 38 42	15 56	20 39 39	4 27	12 11	27 22 21	14 22
5	𝔖	2 51 55	14 36 49	16 14	4♏ 1 20	3 43	16 21	10♏36 23	18 7
6	M	2 55 51	15 34 54	16 31	17 7 22	2 48	19 38	23 34 13	20 53
7	Tu	2 59 48	16 32 57	16 47	29 56 54	1 45	21 51	6♐15 29	22 33
8	W	3 3 44	17 30 59	17 4	12♐30 7	0 S 39	22 56	18 41 0	23 3
9	Th	3 7 41	18 28 59	17 20	24 48 24	0 N28	22 52	0♑52 39	22 25
10	F	3 11 37	19 26 58	17 36	6♑54 8	1 33	21 42	12 53 19	20 45
11	S	3 15 34	20 24 56	17 51	18 50 40	2 33	19 35	24 46 43	18 12
12	𝔖	3 19 30	21 22 52	18 7	0♒42 2	3 27	16 38	6♒37 11	14 54
13	M	3 23 27	22 20 47	18 22	12 32 46	4 11	13 2	18 29 25	11 1
14	Tu	3 27 24	23 18 40	18 36	24 27 44	4 45	8 53	0♓28 19	6 40
15	W	3 31 20	24 16 32	18 51	6♓31 46	5 6	4 S 22	12 38 38	2 S 0
16	Th	3 35 17	25 14 23	19 5	18 49 27	5 14	0 N24	25 4 41	2 N50
17	F	3 39 13	26 12 13	19 18	1♈24 45	5 8	5 16	7♈49 58	7 41
18	S	3 43 10	27 10 2	19 32	14 20 38	4 46	10 3	20 56 51	12 20
19	𝔖	3 47 6	28 7 49	19 45	27 38 42	4 8	14 29	4♉26 6	16 30
20	M	3 51 3	29♉ 5 35	19 58	11♉18 52	3 15	18 19	18 16 43	19 53
21	Tu	3 54 59	0♊ 3 20	20 10	25 19 12	2 9	21 11	2♊25 51	22 10
22	W	3 58 56	1 1 4	20 22	9♊36 3	0 N54	22 47	16 49 8	23 2
23	Th	4 2 53	1 58 46	20 34	24 4 25	0 S 26	22 53	1♋21 9	22 20
24	F	4 6 49	2 56 27	20 45	8♋38 38	1 44	21 25	15 56 8	20 9
25	S	4 10 46	3 54 7	20 56	23 13 1	2 56	18 33	0♌28 40	16 40
26	𝔖	4 14 42	4 51 45	21 7	7♌42 33	3 56	14 32	14 54 11	12 12
27	M	4 18 39	5 49 21	21 17	22 3 12	4 41	9 43	29 9 15	7 7
28	Tu	4 22 35	6 46 56	21 27	6♍12 7	5 8	4 N27	13♍11 35	1 N45
29	W	4 26 32	7 44 30	21 36	20 7 33	5 17	0 S 57	26 59 54	3 S 36
30	Th	4 30 28	8 42 2	21 45	3♎48 35	5 7	6 12	10♎33 36	8 43
31	F	4 34 25	9♊39 33	21 N54	17 14 56	4 S 40	11 S 5	23 52 38	13 S 19

First Quarter—May 28, 1*h.* 3*m.* *p.m.*

FULL MOON—May 6, 8*h.* 55*m.* *a.m.*

D M	Venus. Lat.	Venus. Dec.		Mercury. Lat.	Mercury. Dec.		☽ Node.
	° ′	° ′	° ′	° ′	° ′	° ′	° ′
1	1 S 7	2 S 30	2 S 7	0 S 40	13 N 13	14 N 3	21 ♐ 32
3	1 14	1 44	1 20	0 S 20	14 53	15 43	21 26
5	1 21	0 57	0 S 33	0 N 1	16 31	17 18	21 20
7	1 27	0 S 9	0 N 15	0 22	18 4	18 49	21 13
9	1 32	0 N 39	1 3	0 43	19 32	20 12	21 7
11	1 37	1 27	1 52	1 3	20 51	21 28	21 1
13	1 42	2 16	2 40	1 21	22 1	22 34	20 54
15	1 46	3 5	3 30	1 37	23 3	23 29	20 48
17	1 50	3 54	4 19	1 51	23 53	24 15	20 41
19	1 54	4 44	5 8	2 2	24 34	24 50	20 35
21	1 57	5 33	5 57	2 10	25 4	25 15	20 29
23	1 59	6 22	6 46	2 15	25 24	25 31	20 22
25	2 1	7 11	7 35	2 16	25 36	25 39	20 16
27	2 3	8 0	8 24	2 14	25 39	25 38	20 10
29	2 4	8 48	9 N 12	2 9	25 36	25 N 31	20 3
31	2 S 5	9 N 36		2 N 0	25 N 25		19 ♐ 57

Mutual Aspects.

1. ☉ ± ♇. ☿ ✱ ♂.
2. ☉ ✱ ♃. ☿ ∇ ♆, P ♇.
3. ☿ ✱ ♃, ± ♇.
4. ☉ ☌ ☿, P ☿.
5. ☿ ∠ ♀, ∠ ♄. ♂ ∇ ♆.
6. ♀ □ ♄.
7. ☉ ∠ ♄. ☿ ⚼ ♇.
8. ♀ ☍ ♇. 9. ☿ Q ♃, ∇ ♅.
10. ☉ ⚼ ♇. ☿ ∠ ♂, ⊥ ♄, P ♆.
12. ☿ ± ♅. ♀ △ ♆. ♂ △ ♃.
13. ☿ ⊻ ♄.
14. ☿ P ♄, △ ♇. ♂ ± ♆.
15. ☉ ∇ ♅.
16. ☿ ⚼ ♅, ☍ ♆.
17. ☉ Q ♃. ☿ ⊥ ♂, P ♂. ♀ ⊻ ♃.
18. ☉ ⊥ ♄. 19. ☿ □ ♃.
21. ☉ ± ♅, P ♆. ♀ □ ♂.
22. ☿ ✱ ♀, ⊻ ♂.
23. ♀ ⊥ ♃, Q ♄. 24. ♀ P ♃.
25. ☉ ⊻ ♄, △ ♇. ☿ △ ♅. ♀ [⚼ ♆.
26. ♀ ☍ ♅.
27. ♂ Q ♇. 28. ♄ □ ♇.
29. ♀ P ♅. ♂ P ♄, ⚼ ♆.
30. ☉ ⚼ ♅, ☍ ♆. ♂ □ ♅.
31. ☉ ∠ ♂. ♀ ∠ ♃.

D M	♆ Long.	♅ Long.	♄ Long.	♃ Long.	♂ Long.	♀ Long.	☿ Long.	Lunar Aspects. ☉	♇	♆	♅	♄	♃	♂	♀	☿
	° ′	° ′	° ′	° ′	° ′	° ′	° ′									
1	8 ♐ 59	25 ♎ 6	1 ♋ 9	11 ♓ 23	6 ♋ 40	26 ♓ 18	7 ♉ 0	△	⊻	□	∠		☍	✱		△
2	8 ℞ 58	25 ℞ 4	1 15	11 33	7 16	27 24	9 7	⚼			⊻				☍	⚼
3	8 56	25 1	1 21	11 43	7 52	28 30	11 15		☌	✱		□		□		
4	8 55	25 0	1 27	11 54	8 28	29 ♓ 37	13 24			∠	☌		⚼			
5	8 53	24 57	1 33	12 4	9 4	0 ♈ 43	15 34		⊻	⊻		△		△		
6	8 52	24 54	1 39	12 14	9 40	1 50	17 44	☍	∠			⚼	△		⚼	☍
7	8 50	24 52	1 45	12 24	10 16	2 57	19 54		✱		⊻			⚼	△	
8	8 49	24 50	1 52	12 34	10 52	4 4	22 4			☌	∠		□			
9	8 48	24 47	1 58	12 43	11 28	5 11	24 14				✱					
10	8 46	24 45	2 4	12 53	12 5	6 18	26 23	⚼	□	⊻		☍		☍	□	⚼
11	8 45	24 43	2 11	13 2	12 41	7 25	28 ♉ 31	△		∠	□		✱			
12	8 43	24 41	2 17	13 12	13 17	8 33	0 ♊ 37		△				∠			△
13	8 41	24 38	2 24	13 21	13 53	9 40	2 42			✱		⚼	⊻		✱	
14	8 40	24 36	2 31	13 30	14 29	10 48	4 46	□	⚼		△			⚼	∠	
15	8 38	24 34	2 37	13 39	15 6	11 56	6 47			□	⚼	△			⊻	□
16	8 37	24 32	2 44	13 48	15 42	13 4	8 46						☌	△		
17	8 35	25 30	2 51	13 56	16 18	14 12	10 42	✱	☍			□				
18	8 34	24 28	2 58	14 5	16 54	15 20	12 36	∠		△			⊻	□	☌	✱
19	8 32	24 26	3 4	14 13	17 31	16 28	14 28	⊻		⚼	☍	✱	∠			∠
20	8 30	24 24	3 11	14 22	18 7	17 36	16 16					∠	✱		⊻	⊻
21	8 29	24 22	3 18	14 30	18 43	18 45	18 2	☌	⚼					✱		
22	8 27	24 20	3 25	14 38	19 20	19 53	19 44		△	☍	⚼	⊻	□	∠	∠	
23	8 26	24 18	3 32	14 46	19 56	21 2	21 23				△			⊻	✱	☌
24	8 24	24 16	3 39	14 54	20 33	22 11	23 0	⊻	□			●	△			
25	8 22	24 15	3 46	15 1	21 9	23 19	24 33	∠		⚼	□		⚼	☌	□	⊻
26	8 21	24 13	3 54	15 9	21 45	24 28	26 3	✱	✱	△		⊻				∠
27	8 19	24 11	4 1	15 16	22 22	25 37	27 29		∠		✱	∠		⊻	△	✱
28	8 18	24 9	4 8	15 23	22 58	26 46	28 ♊ 53	□	⊻	□	∠	✱		∠	⚼	
29	8 16	24 8	4 15	15 30	23 35	27 55	0 ♋ 13				⊻		☍	✱		
30	8 14	24 6	4 23	15 37	24 11	29 ♈ 4	1 30	△	☌	✱		□				□
31	8 ♐ 13	24 ♎ 5	4 ♋ 30	15 ♓ 44	24 ♋ 48	0 ♉ 14	2 ♋ 43			∠						

LAST QUARTER—May 14, 9*h.* 29*m.* *a.m.*

New Moon—June 20, 4*h.* 56*m.* *a.m.*

D M	Neptune. Lat.	Neptune. Dec.	Herschel. Lat.	Herschel. Dec.	Saturn Lat.	Saturn Dec.	Jupiter. Lat.	Jupiter. Dec.	Mars. Lat.	Mars. Dec.	Mars. Dec.
	° ′	° ′	° ′	° ′	° ′	° ′	° ′	° ′	° ′	° ′	° ′
1	1 N 38	20 S 3	0 N 36	8 S 47	0 S 38	22 N 44	1 S 4	6 S 34	1 N 23	22 N 25	22 N 18
3	1 38	20 3	0 36	8 46	0 38	22 44	1 4	6 29	1 22	22 11	22 4
5	1 38	20 2	0 35	8 45	0 37	22 43	1 5	6 25	1 22	21 56	21 48
7	1 38	20 2	0 35	8 44	0 37	22 43	1 5	6 21	1 21	21 41	21 33
9	1 38	20 1	0 35	8 43	0 37	22 42	1 6	6 18	1 21	21 25	21 16
11	1 38	20 1	0 35	8 42	0 37	22 42	1 6	6 14	1 20	21 8	20 59
13	1 38	20 1	0 35	8 42	0 37	22 41	1 7	6 11	1 20	20 51	20 42
15	1 38	20 0	0 35	8 41	0 36	22 41	1 7	6 8	1 19	20 33	20 24
17	1 38	20 0	0 35	8 41	0 36	22 40	1 8	6 6	1 19	20 15	20 6
19	1 38	19 59	0 35	8 40	0 36	22 40	1 9	6 3	1 18	19 56	19 46
21	1 38	19 59	0 35	8 40	0 36	22 39	1 9	6 1	1 17	19 37	19 27
23	1 38	19 58	0 35	8 39	0 36	22 38	1 10	6 0	1 17	19 17	19 7
25	1 38	19 58	0 35	8 39	0 36	22 38	1 10	5 58	1 16	18 57	18 46
27	1 38	19 58	0 35	8 39	0 35	22 37	1 11	5 57	1 16	18 36	18 N 25
29	1 38	19 57	0 35	8 39	0 35	22 36	1 11	5 56	1 16	18 14	
30	1 N 38	19 S 57	0 N 35	8 S 39	0 S 35	22 N 36	1 S 12	5 S 56	1 N 15	18 N 4	

D M	D W	Sidereal Time	☉ Long.	☉ Dec.	☽ Long.	☽ Lat.	☽ Dec.	MIDNIGHT ☽ Long.	MIDNIGHT ☽ Dec.
		H. M. S.	° ′ ″	° ′	° ′ ″	° ′	° ′	° ′ ″	° ′
1	S	4 38 22	10 ♊ 37 2	22 N 3	0 ♏ 26 43	3 S 59	15 S 22	6 ♏ 57 14	17 S 13
2	𝔖	4 42 18	11 34 30	22 11	13 24 16	3 7	18 50	19 47 52	20 12
3	M	4 46 15	12 31 58	22 18	26 8 8	2 5	21 19	2 ♐ 25 10	22 10
4	Tu	4 50 11	13 29 24	22 25	8 ♐ 39 5	0 S 59	22 43	14 50 2	23 0
5	W	4 54 8	14 26 49	22 32	20 58 11	0 N 9	22 59	27 3 42	22 42
6	Th	4 58 4	15 24 13	22 39	3 ♑ 6 50	1 15	22 9	9 ♑ 7 49	21 20
7	F	5 2 1	16 21 37	22 45	15 6 56	2 18	20 18	21 4 29	19 2
8	S	5 5 57	17 18 59	22 50	27 0 51	3 14	17 35	2 ♒ 56 24	15 57
9	𝔖	5 9 54	18 16 21	22 56	8 ♒ 51 32	4 1	14 10	14 46 44	12 14
10	M	5 13 51	19 13 43	23 0	20 42 26	4 39	10 11	26 39 10	8 2
11	Tu	5 17 47	20 11 4	23 5	2 ♓ 37 28	5 4	5 48	8 ♓ 37 50	3 S 31
12	W	5 21 44	21 8 24	23 9	14 40 52	5 16	1 S 10	20 47 5	1 N 13
13	Th	5 25 40	22 5 44	23 12	26 57 3	5 15	3 N 36	3 ♈ 11 18	5 59
14	F	5 29 37	23 3 3	23 16	9 ♈ 30 21	4 58	8 20	15 54 39	10 38
15	S	5 33 33	24 0 22	23 18	22 24 36	4 26	12 50	29 0 33	14 56
16	𝔖	5 37 30	24 57 41	23 21	5 ♉ 42 44	3 40	16 53	12 ♉ 31 17	18 38
17	M	5 41 26	25 54 59	23 23	19 26 13	2 39	20 8	26 27 25	21 23
18	Tu	5 45 23	26 52 17	23 24	3 ♊ 34 37	1 27	22 18	10 ♊ 47 21	22 51
19	W	5 49 20	27 49 35	23 26	18 5 4	0 N 7	23 2	25 27 3	22 48
20	Th	5 53 16	28 46 52	23 26	2 ♋ 52 25	1 S 14	22 11	10 ♋ 20 14	21 9
21	F	5 57 13	29 ♊ 44 9	23 27	17 49 29	2 31	19 45	25 19 5	18 1
22	S	6 1 9	0 ♋ 41 25	23 26	2 ♌ 48 1	3 38	16 0	10 ♌ 15 15	13 43
23	𝔖	6 5 6	1 38 41	23 26	17 39 51	4 29	11 15	25 1 0	8 39
24	M	6 9 2	2 35 56	23 25	2 ♍ 18 1	5 3	5 56	9 ♍ 30 20	3 N 11
25	Tu	6 12 59	3 33 10	23 24	16 37 33	5 16	0 N 25	23 39 24	2 S 19
26	W	6 16 56	4 30 24	23 22	0 ♎ 35 45	5 10	4 S 59	7 ♎ 26 36	7 34
27	Th	6 20 52	5 27 37	23 20	14 12 0	4 47	10 1	20 52 9	12 19
28	F	6 24 49	6 24 50	23 17	27 27 16	4 9	14 27	3 ♏ 57 38	16 22
29	S	6 28 45	7 22 2	23 14	10 ♏ 23 34	3 19	18 5	16 45 22	19 34
30	𝔖	6 32 42	8 ♋ 19 14	23 N 11	23 3 24	2 S 20	20 S 48	29 18 0	21 S 46

First Quarter—June 26, 7*h.* 20*m.* *p.m.*

FULL MOON—June 4, 10*h*. 10*m*. *p.m.*

D M	Venus Lat. ° ′	Venus Dec. ° ′	Venus Dec. ° ′	Mercury Lat. ° ′	Mercury Dec. ° ′	Mercury Dec. ° ′	☽ Node. ° ′
1	2 S 6	9 N59	10 N23	1 N55	25 N18	25 N 9	19 ♐ 54
3	2 6	10 46	11 10	1 42	25 0	24 49	19 47
5	2 6	11 33	11 56	1 25	24 37	24 24	19 41
7	2 6	12 18	12 41	1 5	24 11	23 56	19 35
9	2 5	13 3	13 25	0 42	23 42	23 26	19 28
11	2 4	13 46	14 8	0 N17	23 10	22 54	19 22
13	2 2	14 29	14 50	0 S 11	22 38	22 21	19 16
15	2 0	15 11	15 31	0 42	22 4	21 48	19 9
17	1 58	15 51	16 10	1 14	21 31	21 15	19 3
19	1 56	16 30	16 49	1 47	20 59	20 44	18 57
21	1 53	17 7	17 25	2 20	20 28	20 14	18 50
23	1 50	17 43	18 0	2 52	20 0	19 47	18 44
25	1 47	18 17	18 34	3 22	19 34	19 23	18 38
27	1 44	18 50	19 N 5	3 50	19 12	19 N 3	18 31
29	1 40	19 21		4 13	18 54		18 25
30	1 S 38	19 N35		4 S 22	18 N47		18 ♐ 22

Mutual Aspects.

1. ☿ □ ♇.
2. ☿ ☌ ♄. ♀ ± ♆.
3. ☉ P ♂. ♀ ⊼ ♇.
4. ♀ ✱ ♄.
5. ☿ ⊼ ♆.
7. ☉ □ ♃, P ♄. ♀ ⊼ ♆.
8. ♀ ± ♇. 10. ☿ ✱ ♀.
11. ☉ P ☿. ♀ P ♇.
12. ♂ ⚼ ♃. 13. ☿ P ♄.
14. ♀ ✱ ♃. ♇ Stat.
15. ☉ △ ♅. ♂ ✱ ♇.
16. ♀ ⚼ ♇.
17. ☉ ⊥ ♀. ☿ Stat.
19. ♀ ∠ ♄. ♂ P ♆.
20. ♀ ⊼ ♅. ♂ ⊻ ♄.
21. ♂ △ ♆.
23. ☿ ∠ ♀, P ♆. ♀ Q ♂.
24. ♄ ⊼ ♆.
25. ♀ Q ♃, ± ♅.
26. ☉ □ ♇. ☿ ⊻ ♂. ♀ P ♂. ♃ ± ♅.
27. ☉ ⊥ ♂. ♀ ⊥ ♄.
28. ☿ P ♀. ♂ ± ♃, Q ♅.
29. ☉ ⊼ ♆. ☿ ⊥ ♀. ♀ △ ♇.
30. ☉ ☌ ☿, ☌ ♄.

D M	♆ Long. ° ′	♅ Long. ° ′	♄ Long. ° ′	♃ Long. ° ′	♂ Long. ° ′	♀ Long. ° ′	☿ Long. ° ′
1	8 ♐ 11	24 ♎ 3	4 ♋ 37	15 ♓ 50	25 ♋ 24	1 ♉ 23	3 ♋ 53
2	8 ℞ 9	24 ℞ 2	4 45	15 57	26 1	2 32	4 59
3	8 8	24 0	4 52	16 3	26 37	3 42	6 2
4	8 6	23 59	5 0	16 9	27 14	4 51	7 1
5	8 5	23 57	5 7	16 15	27 51	6 1	7 56
6	8 3	23 56	5 15	16 21	28 27	7 10	8 48
7	8 1	23 55	5 22	16 26	29 4	8 20	9 35
8	8 0	23 54	5 30	16 32	29 ♋ 40	9 30	10 19
9	7 58	23 53	5 37	16 37	0 ♌ 17	10 40	10 58
10	7 57	23 51	5 45	16 42	0 54	11 50	11 34
11	7 55	23 50	5 52	16 47	1 30	13 0	12 5
12	7 53	23 49	6 0	16 52	2 7	14 10	12 32
13	7 52	23 48	6 8	16 56	2 44	15 20	12 54
14	7 50	23 47	6 15	17 1	3 20	16 30	13 12
15	7 49	23 47	6 23	17 5	3 57	17 40	13 25
16	7 47	23 46	6 31	17 9	4 34	18 50	13 34
17	7 46	23 45	6 38	17 13	5 11	20 1	13 38
18	7 44	23 44	6 46	17 17	5 48	21 11	13 ℞ 38
19	7 43	23 44	6 54	17 20	6 24	22 22	13 33
20	7 41	23 43	7 2	17 24	7 1	23 32	13 24
21	7 40	23 42	7 9	17 27	7 38	24 43	13 11
22	7 38	23 42	7 17	17 30	8 15	25 53	12 54
23	7 37	23 41	7 25	17 33	8 52	27 4	12 32
24	7 35	23 41	7 33	17 35	9 29	28 15	12 8
25	7 34	23 41	7 41	17 38	10 6	29 ♉ 25	11 40
26	7 32	23 40	7 48	17 40	10 43	0 ♊ 36	11 9
27	7 31	23 40	7 56	17 42	11 20	1 47	10 37
28	7 30	23 40	8 4	17 44	11 57	2 58	10 2
29	7 28	23 40	8 12	17 46	12 34	4 9	9 27
30	7 ♐ 27	23 ♎ 40	8 ♋ 20	17 ♓ 47	13 ♌ 11	5 ♊ 20	8 ♋ 51

Lunar Aspects.

D M	☉	♇	♆	♅	♄	♃	♂	♀	☿
1	⚼	⊻		☌	△	⚼	□	☍	△
2		∠	⊻			△			
3				⊻	⚼		△		⚼
4	☍(●)	✱	☌	∠			⚼		
5				✱		□		⚼	
6		□	⊻		☍			△	
7						✱			☍
8	⚼		∠	□		∠	☍		
9		△	✱					□	
10	△	⚼		△	⚼	⊻			
11			□		△				⚼
12				⚼		☌	⚼	✱	△
13	□						△	∠	
14		☍	△		□				□
15	✱		⚼	☍		⊻		⊻	
16	∠				✱	∠	□		
17	⊻	⚼			∠	✱		☌	✱
18		△	☍	⚼	⊻		✱		∠
19				△		□	∠	⊻	⊻
20	●☌	□			☌		⊻	∠	
21			⚼	□		△		✱	●☌
22	⊻	✱	△		⊻	⚼	☌		
23	∠	∠		✱	∠				⊻
24	✱	⊻	□	∠	✱			□	∠
25						☍	⊻		✱
26	□	☌		⊻			∠	△	
27			✱		□		✱	⚼	□
28			∠	☌		⚼			
29	△	⊻	⊻		△		□		△
30	⚼	∠		⊻	⚼	△			⚼

LAST QUARTER—June 13, 1*h*. 45*m*. *a.m.*

New Moon—July 19, 0*h.* 7*m.* *p.m.*

D M	Neptune. Lat.	Neptune. Dec.	Herschel. Lat.	Herschel. Dec.	Saturn. Lat.	Saturn. Dec.	Jupiter. Lat.	Jupiter. Dec.	Mars. Lat.	Mars. Dec.	Mars. Dec.
	° ′	° ′	° ′	° ′	° ′	° ′	° ′	° ′	° ′	° ′	° ′
1	1 N38	19 S 57	0 N35	8 S 39	0 S 35	22 N35	1 S 12	5 S 56	1 N14	17 N53	17 N42
3	1 38	19 56	0 34	8 39	0 35	22 35	1 13	5 55	1 14	17 30	17 19
5	1 37	19 56	0 34	8 39	0 35	22 34	1 13	5 55	1 13	17 8	16 56
7	1 37	19 56	0 34	8 40	0 35	22 33	1 14	5 56	1 13	16 45	16 33
9	1 37	19 55	0 34	8 40	0 34	22 32	1 15	5 57	1 12	16 21	16 9
11	1 37	19 55	0 34	8 40	0 34	22 31	1 15	5 58	1 11	15 57	15 45
13	1 37	19 55	0 34	8 41	0 34	22 30	1 16	5 59	1 11	15 33	15 20
15	1 37	19 55	0 34	8 41	0 34	22 29	1 16	6 0	1 10	15 8	14 55
17	1 37	19 54	0 34	8 42	0 34	22 28	1 17	6 2	1 9	14 43	14 30
19	1 37	19 54	0 34	8 43	0 34	22 27	1 18	6 4	1 9	14 17	14 4
21	1 37	19 54	0 34	8 43	0 33	22 26	1 18	6 7	1 8	13 51	13 38
23	1 37	19 54	0 34	8 44	0 33	22 25	1 19	6 10	1 7	13 25	13 12
25	1 37	19 54	0 34	8 45	0 33	22 23	1 19	6 13	1 7	12 58	12 45
27	1 36	19 54	0 34	8 46	0 33	22 22	1 20	6 16	1 6	12 31	12 18
29	1 36	19 53	0 34	8 47	0 33	22 21	1 20	6 20	1 5	12 4	11 N50
31	1 N36	19 S 53	0 N33	8 S 48	0 S 33	22 N20	1 S 21	6 S 24	1 N 4	11 N36	

D M	D W	Sidereal Time	☉ Long.	☉ Dec.	☽ Long.	☽ Lat.	☽ Dec.	MIDNIGHT ☽ Long.	MIDNIGHT ☽ Dec.
		H. M. S.	° ′ ″	° ′	° ′ ″	° ′	° ′	° ′ ″	° ′
1	M	6 36 38	9♋16 25	23 N 7	5♐29 28	1 S 16	22 S 28	11♐38 7	22 S 53
2	Tu	6 40 35	10 13 37	23 3	17 44 16	0 S 9	23 2	23 48 11	22 54
3	W	6 44 31	11 10 48	22 58	29 50 9	0 N57	22 29	5♑50 24	21 50
4	Th	6 48 28	12 7 59	22 53	11♑49 12	2 0	20 55	17 46 47	19 47
5	F	6 52 25	13 5 10	22 48	23 43 24	2 58	18 26	29 39 17	16 54
6	S	6 56 21	14 2 21	22 42	5♒34 41	3 47	15 12	11♒29 54	13 21
7	𝔖	7 0 18	14 59 32	22 36	17 25 11	4 26	11 23	23 20 52	9 17
8	M	7 4 14	15 56 43	22 29	29 17 17	4 55	7 7	5♓14 46	4 52
9	Tu	7 8 11	16 53 54	22 22	11♓13 44	5 10	2 S 34	17 14 36	0 S 14
10	W	7 12 7	17 51 6	22 15	23 17 48	5 12	2 N 7	29 23 47	4 N28
11	Th	7 16 4	18 48 19	22 7	5♈33 5	5 0	6 48	11♈46 10	9 5
12	F	7 20 0	19 45 31	21 59	18 3 33	4 34	11 18	24 25 45	13 26
13	S	7 23 57	20 42 45	21 51	0♉53 13	3 53	15 26	7♉26 26	17 16
14	𝔖	7 27 54	21 39 59	21 42	14 5 47	2 59	18 56	20 51 35	20 21
15	M	7 31 50	22 37 14	21 33	27 44 3	1 54	21 30	4♊43 19	22 21
16	Tu	7 35 47	23 34 28	21 23	11♊49 19	0 N39	22 52	19 1 50	22 59
17	W	7 39 43	24 31 44	21 13	26 20 30	0 S 40	22 44	3♋44 43	22 4
18	Th	7 43 40	25 29 1	21 3	11♋13 42	1 58	21 0	18 46 30	19 34
19	F	7 47 36	26 26 18	20 52	26 22 0	3 9	17 47	3♌58 58	15 41
20	S	7 51 33	27 23 35	20 41	11♌36 5	4 7	13 20	19 12 2	10 47
21	𝔖	7 55 29	28 20 53	20 30	26 45 34	4 48	8 5	4♍15 29	5 N17
22	M	7 59 26	29♋18 11	20 18	11♍40 45	5 8	2 N26	19 0 31	0 S 24
23	Tu	8 3 23	0♌15 29	20 6	26 14 8	5 7	3 S 12	3♎21 9	5 55
24	W	8 7 19	1 12 47	19 54	10♎21 18	4 48	8 31	17 14 32	10 58
25	Th	8 11 16	2 10 6	19 41	24 0 55	4 13	13 14	0♏40 43	15 18
26	F	8 15 12	3 7 26	19 28	7♏14 14	3 25	17 9	13 41 55	18 46
27	S	8 19 9	4 4 46	19 14	20 4 13	2 28	20 8	26 21 41	21 15
28	𝔖	8 23 5	5 2 6	19 1	2♐34 49	1 25	22 5	8♐44 10	22 38
29	M	8 27 2	5 59 27	18 47	14 50 15	0 S 20	22 55	20 53 34	22 55
30	Tu	8 30 58	6 56 48	18 32	26 54 34	0 N45	22 39	2♑53 44	22 8
31	W	8 34 55	7♌54 10	18 N18	8♑51 26	1 N47	21 S 22	14 48 2	20 S 21

First Quarter—July 26, 3*h.* 51*m.* *a.m.*

Full Moon—July 4, 0*h*. 40*m*. *p.m.*

D M	Venus Lat.	Venus Dec.	Venus Dec.	Mercury Lat.	Mercury Dec.	Mercury Dec.	☽ Node.
	° ′	° ′	° ′	° ′	° ′	° ′	° ′
1	1 S 36	19 N50	20 N 3	4 S 30	18 N41	18 N37	18 ♐ 18
3	1 32	20 17	20 29	4 42	18 33	18 31	18 12
5	1 27	20 42	20 53	4 48	18 31	18 32	18 6
7	1 23	21 4	21 15	4 47	18 34	18 37	17 59
9	1 18	21 25	21 34	4 41	18 41	18 47	17 53
11	1 13	21 43	21 52	4 28	18 54	19 2	17 47
13	1 8	21 59	22 6	4 12	19 10	19 20	17 40
15	1 3	22 13	22 19	3 51	19 30	19 41	17 34
17	0 58	22 24	22 29	3 27	19 52	20 3	17 28
19	0 52	22 33	22 37	3 1	20 15	20 26	17 21
21	0 47	22 40	22 42	2 34	20 37	20 48	17 15
23	0 42	22 43	22 44	2 5	20 58	21 8	17 8
25	0 36	22 44	22 44	1 36	21 16	21 24	17 2
27	0 30	22 43	22 41	1 6	21 30	21 34	16 56
29	0 25	22 39	22 N36	0 38	21 37	21 N38	16 50
31	0 S 19	22 N32		0 S 11	21 N37		16 ♐ 43

Mutual Aspects.

1. ☿ ⊥ ♂, ☌ ♄.
2. ☿ ⊻ ♀, ∇ ♆. ♀ ☍ ♆, P ♆. ♂ ⊥ ♄. ♅ Stat.
3. ♀ ⊻ ♄, ⚼ ♅. 5. ☉ ± ♆.
7. ♃ Stat.
8. ☉ P ♄. ♂ ∇ ♃.
10. ☉ △ ♃. ☿ ∠ ♂. ♂ ∠ ♇.
11. ♀ ☐ ♃.
12. ☉ P ♀. ☿ Stat.
13. ☉ ⊻ ♀. 14. ♀ ✱ ♂.
15. ☉ ⊻ ♂, ⚼ ♆, Q ♇. ♀ △ ♅.
16. ☉ ☐ ♅. ♃ ± ♅.
17. ☿ P ♆. ♂ ✱ ♅.
18. ♀ P ♄. 19. ☿ ∇ ♆.
21. ☉ P ☿. ♂ ∠ ♄.
24. ☉ P ♆. ☿ ☌ ♄. ♀ ☐ ♇. ♂ P ♇.
25. ☉ ⚼ ♃. ☿ ± ♆. ♂ ⊥ ♇.
27. ☿ ∠ ♂. ♀ ∇ ♆.
28. ☉ ✱ ♇. ☿ △ ♃.
30. ☉ △ ♆.
31. ♀ ☌ ♄, ± ♆.

D M	♆ Long.	♅ Long.	♄ Long.	♃ Long.	♂ Long.	♀ Long.	☿ Long.	Lunar Aspects ☉	♇	♆	♅	♄	♃	♂	♀	☿
	° ′	° ′	° ′	° ′	° ′	° ′	° ′									
1	7 ♐ 26	23 ♎ 40	8 ♋ 27	17 ♓ 48	13 ♌ 48	6 ♊ 31	8 ♋ 15		✱	☌	∠				☍	
2	7 ℞ 24	23 D 40	8 35	17 49	14 25	7 42	7 ℞ 40				✱		☐	△		
3	7 23	23 40	8 43	17 50	15 2	8 53	7 6		☐					⚼		
4	7 22	23 40	8 51	17 51	15 39	10 4	6 34	☍		⊻		☍				☍
5	7 21	23 40	8 59	17 52	16 16	11 16	6 4			∠	☐		✱		⚼	
6	7 19	23 40	9 7	17 52	16 53	12 27	5 38		△	✱			∠			
7	7 18	23 40	9 14	17 52	17 30	13 38	5 15		⚼				⊻	☍	△	⚼
8	7 17	23 41	9 22	17 ℞ 52	18 7	14 50	4 55	⚼			△	⚼				△
9	7 16	23 41	9 30	17 52	18 44	16 1	4 40			☐	⚼	△			☐	
10	7 15	23 41	9 38	17 51	19 22	17 12	4 30	△					☌			
11	7 13	23 42	9 45	17 51	19 59	18 24	4 25		☍	△		☐		⚼		☐
12	7 12	23 42	9 53	17 50	20 36	19 36	4 D 24	☐		⚼	☍		⊻	△	✱	
13	7 11	23 43	10 1	17 49	21 13	20 47	4 29						∠		∠	✱
14	7 10	23 44	10 8	17 48	21 51	21 59	4 39		⚼			✱	✱			∠
15	7 9	23 44	10 16	17 46	22 28	23 11	4 55	✱	△			∠		☐	⊻	
16	7 8	23 45	10 24	17 44	23 5	24 23	5 16	∠		☍	⚼	⊻	☐			⊻
17	7 7	23 46	10 32	17 43	23 42	25 35	5 42	⊻			△			✱	●	
18	7 6	23 47	10 39	17 41	24 20	26 46	6 14		☐			☌	△	∠		☌
19	7 5	23 48	10 47	17 38	24 57	27 58	6 52	☌		⚼	☐		⚼	⊻	⊻	
20	7 4	23 49	10 55	17 36	25 35	29 ♊ 10	7 35		✱	△		⊻			∠	⊻
21	7 4	23 50	11 2	17 33	26 12	0 ♋ 22	8 23	⊻	∠		✱	∠		☌	✱	∠
22	7 3	23 51	11 10	17 31	26 49	1 34	9 16	∠	⊻	☐	∠	✱	☍			✱
23	7 2	23 52	11 17	17 28	27 27	2 46	10 15	✱			⊻			⊻		
24	7 1	23 53	11 25	17 25	28 4	3 59	11 19		☌	✱		☐		∠	☐	☐
25	7 0	23 54	11 32	17 21	28 42	5 11	12 28			∠	☌			✱		
26	7 0	23 55	11 40	17 18	29 19	6 23	13 43	☐	⊻	⊻		△	⚼		△	
27	6 59	23 56	11 47	17 14	29 ♌ 57	7 35	15 1		∠		⊻		△		⚼	△
28	6 58	23 58	11 55	17 10	0 ♍ 34	8 48	16 25	△	✱	☌		⚼		☐		⚼
29	6 58	23 59	12 2	17 6	1 12	10 0	17 53				∠		☐			
30	6 57	24 1	12 9	17 2	1 50	11 12	19 26	⚼			✱			△		
31	6 ♐ 56	24 ♎ 2	12 ♋ 17	16 ♓ 58	2 ♍ 27	12 ♋ 25	21 ♋ 3		☐	⊻		☍			☍	

Last Quarter—July 12, 3*h*. 28*m*. *p.m.*

NEW MOON—August 17, 7*h.* 2*m.* *p.m.*

AUGUST, 1974

D M	Neptune. Lat.	Neptune. Dec.	Herschel. Lat.	Herschel. Dec.	Saturn. Lat.	Saturn. Dec.	Jupiter. Lat.	Jupiter. Dec.	Mars. Lat.	Mars. Dec.	
	° ′	° ′	° ′	° ′	° ′	° ′	° ′	° ′	° ′	° ′	° ′
1	1 N 36	19 S 53	0 N 33	8 S 49	0 S 33	22 N 19	1 S 21	6 S 26	1 N 4	11 N 22	11 N 8
3	1 36	19 53	0 33	8 50	0 33	22 18	1 22	6 30	1 3	10 54	10 40
5	1 36	19 53	0 33	8 51	0 33	22 17	1 22	6 34	1 3	10 26	10 12
7	1 36	19 53	0 33	8 53	0 32	22 16	1 23	6 39	1 2	9 57	9 43
9	1 36	19 53	0 33	8 54	0 32	22 14	1 23	6 44	1 1	9 28	9 14
11	1 36	19 53	0 33	8 56	0 32	22 13	1 24	6 49	1 0	8 59	8 45
13	1 36	19 53	0 33	8 58	0 32	22 12	1 24	6 54	1 0	8 30	8 15
15	1 35	19 53	0 33	8 59	0 32	22 10	1 24	7 0	0 59	8 0	7 46
17	1 35	19 53	0 33	9 1	0 32	22 9	1 25	7 5	0 58	7 31	7 16
19	1 35	19 53	0 33	9 3	0 32	22 8	1 25	7 11	0 57	7 1	6 46
21	1 35	19 54	0 33	9 5	0 32	22 7	1 25	7 17	0 57	6 30	6 15
23	1 35	19 54	0 33	9 6	0 32	22 5	1 26	7 23	0 56	6 0	5 45
25	1 35	19 54	0 33	9 8	0 31	22 4	1 26	7 29	0 55	5 29	5 14
27	1 35	19 54	0 33	9 10	0 31	22 3	1 26	7 35	0 54	4 59	4 43
29	1 35	19 54	0 32	9 12	0 31	22 1	1 27	7 41	0 53	4 28	4 N 12
31	1 N 35	19 S 55	0 N 32	9 S 14	0 S 31	22 N 0	1 S 27	7 S 47	0 N 53	3 N 57	

D M	D W	Sidereal Time	☉ Long.	☉ Dec.	☽ Long.	☽ Lat.	☽ Dec.	MIDNIGHT ☽ Long.	MIDNIGHT ☽ Dec.
		H. M. S.	° ′ ″	° ′	° ′ ″	° ′	° ′	° ′ ″	° ′
1	TH	8 38 52	8 ♌ 51 33	18 N 3	20 ♑ 43 54	2 N 44	19 S 8	26 ♑ 39 18	17 S 43
2	F	8 42 48	9 48 56	17 48	2 ♒ 34 30	3 34	16 7	8 ♒ 29 46	14 21
3	S	8 46 45	10 46 21	17 32	14 25 18	4 14	12 27	20 21 19	10 25
4	𝔖	8 50 41	11 43 46	17 16	26 18 1	4 44	8 18	2 ♓ 15 36	6 6
5	M	8 54 38	12 41 12	17 0	8 ♓ 14 16	5 1	3 S 50	14 14 15	1 S 31
6	TU	8 58 34	13 38 39	16 44	20 15 47	5 5	0 N 49	26 19 9	3 N 9
7	W	9 2 31	14 36 7	16 27	2 ♈ 24 37	4 55	5 28	8 ♈ 32 31	7 45
8	TH	9 6 27	15 33 37	16 10	14 43 12	4 32	9 58	20 57 5	12 7
9	F	9 10 24	16 31 8	15 53	27 14 33	3 55	14 9	3 ♉ 36 3	16 2
10	S	9 14 21	17 28 40	15 36	10 ♉ 2 2	3 6	17 46	16 32 56	19 18
11	𝔖	9 18 17	18 26 14	15 18	23 9 12	2 6	20 35	29 51 14	21 37
12	M	9 22 14	19 23 50	15 0	6 ♊ 39 22	0 N 57	22 22	13 ♊ 33 52	22 46
13	TU	9 26 10	20 21 26	14 42	20 34 54	0 S 17	22 49	27 42 27	22 30
14	W	9 30 6	21 19 5	14 24	4 ♋ 56 23	1 32	21 49	12 ♋ 16 21	20 44
15	TH	9 34 3	22 16 44	14 5	19 41 48	2 43	19 18	27 12 0	17 32
16	F	9 38 0	23 14 25	13 46	4 ♌ 45 57	3 44	15 27	12 ♌ 22 31	13 6
17	S	9 41 56	24 12 8	13 27	20 0 25	4 30	10 32	27 38 17	7 49
18	𝔖	9 45 53	25 9 52	13 8	5 ♍ 14 41	4 56	4 N 59	12 ♍ 48 17	2 N 6
19	M	9 49 50	26 7 37	12 49	20 17 48	5 2	0 S 47	27 42 9	3 S 38
20	TU	9 53 46	27 5 23	12 29	5 ♎ 0 24	4 47	6 23	12 ♎ 11 54	9 1
21	W	9 57 43	28 3 10	12 9	19 16 11	4 15	11 28	26 13 1	13 45
22	TH	10 1 39	29 0 59	11 49	3 ♏ 2 23	3 28	15 47	9 ♏ 44 25	17 36
23	F	10 5 36	29 ♌ 58 49	11 29	16 19 26	2 32	19 9	22 47 51	20 26
24	S	10 9 32	0 ♍ 56 40	11 8	29 10 13	1 30	21 26	5 ♐ 7 4	22 10
25	𝔖	10 13 29	1 54 32	10 48	11 ♐ 39 3	0 S 25	22 36	17 46 48	22 45
26	M	10 17 25	2 52 25	10 27	23 50 58	0 N 40	22 38	29 52 10	22 15
27	TU	10 21 22	3 50 20	10 6	5 ♑ 51 1	1 41	21 37	11 ♑ 48 5	20 45
28	W	10 25 19	4 48 16	9 45	17 43 55	2 38	19 39	23 39 0	18 21
29	TH	10 29 15	5 46 13	9 24	29 33 46	3 27	16 52	5 ♒ 28 38	15 12
30	F	10 33 12	6 44 12	9 2	11 ♒ 23 56	4 8	13 23	17 19 58	11 27
31	S	10 37 8	7 ♍ 42 12	8 N 41	23 17 0	4 N 37	9 S 23	29 15 15	7 S 14

FIRST QUARTER—August 24, 3*h.* 38*m.* *p.m.*

D M	Venus. Lat.	Venus. Dec.	Venus. Dec.	Mercury. Lat.	Mercury. Dec.	Mercury. Dec.	☽ Node.
	° ′	° ′	° ′	° ′	° ′	° ′	° ′
1	0 S 17	22 N28	22 N23	0 N 2	21 N33	21 N27	16 ♐ 40
3	0 11	22 18	22 12	0 25	21 19	21 8	16 34
5	0 S 6	22 5	21 57	0 46	20 54	20 38	16 27
7	0 0	21 49	21 40	1 5	20 19	19 58	16 21
9	0 N 5	21 31	21 21	1 20	19 34	19 7	16 15
11	0 11	21 10	20 59	1 31	18 38	18 8	16 8
13	0 16	20 47	20 35	1 39	17 35	17 0	16 2
15	0 21	20 22	20 8	1 44	16 23	15 45	15 56
17	0 26	19 54	19 39	1 46	15 5	14 25	15 49
19	0 31	19 24	19 8	1 45	13 43	13 0	15 43
21	0 36	18 51	18 34	1 41	12 16	11 32	15 36
23	0 40	18 17	17 59	1 36	10 47	10 2	15 30
25	0 45	17 40	17 21	1 28	9 16	8 30	15 24
27	0 49	17 2	16 42	1 19	7 44	6 58	15 17
29	0 53	16 21	16 N 0	1 9	6 12	5 N25	15 11
31	0 N57	15 N39		0 N57	4 N39		15 ♐ 5

Mutual Aspects.

1. ☿ ⚼ ♆, Q ♇. 2. ☿ □ ♅.
3. ☉ ± ♃. ♀ P ♄.
4. ☉ Q ♅. ♀ △ ♃. ♂ ⊻ ♇.
5. ☉ ⊻ ♄. ☿ ⊥ ♂. ♄ ± ♆.
6. ☿ ⚼ ♃. 7. ☿ ✱ ♇. ♂ □ ♆.
8. ☿ △ ♆, P ♆. ♀ ⚼ ♆.
9. ☉ ⊽ ♃. ☿ ⊻ ♂. ♀ ∠ ♂,
10. ☿ ± ♃. ♀ □ ♅. [Q ♇.
11. ☿ Q ♅. ♂ ∠ ♅, P ♅.
12. ☉ ⊥ ♄. ☿ ⊻ ♄.
13. ☉ ∠ ♇. ☿ ⊽ ♃.
15. ☿ ⊥ ♄, ∠ ♇. ♀ ⚼ ♃. [♆.
17. ☉ ☌ ☿, ✱ ♅. ☿ ✱ ♅. ♀ P
18. ♂ P ♃. [✱ ♄. ♆ Stat.
19. ☉ P ♇. ☿ ⊥ ♇. ♀ ✱ ♇. ♂
20. ☿ ∠ ♄, P ♇. ♀ △ ♆. ♂ ☍
21. ☉ P ☿. [♃.
22. ☉ ⊥ ♇. ♀ ± ♃. ♃ △ ♄.
23. ☉ ∠ ♄. ☿ □ ♆, ⊻ ♇.
24. ♀ ⊥ ♂.
25. ☿ ∠ ♅, P ♅. ♀ Q ♅.
26. ♀ ⊽ ♃. ♂ ⊥ ♅.
27. ☿ ☍ ♃, P ♃. ♀ ⊻ ♄.
28. ☿ ✱ ♄. 29. ☉ ⊻ ♇
30. ☉ P ♅, □ ♆. ☿ ⊥ ♅.
31. ☿ ⊻ ♀. ♀ ∠ ♇.

D M	♆ Long.	♅ Long.	♄ Long.	♃ Long.	♂ Long.	♀ Long.	☿ Long.	☉	♇	♆	♅	♄	♃	♂	♀	☿
	° ′	° ′	° ′	° ′	° ′	° ′	° ′	Lunar Aspects.								
1	6 ♐ 56	24 ♎ 4	12 ♋ 24	16 ♓ 53	3 ♍ 5	13 ♋ 37	22 ♋ 44			∠	□		✱	⚼		☍
2	6 ℞ 55	24 5	12 31	16 ℞ 48	3 42	14 50	24 29		△	✱			∠			
3	6 55	24 7	12 38	16 43	4 20	16 2	26 17	☍	⚼				⊻			
4	6 54	24 9	12 46	16 38	4 58	17 15	28 ♋ 8				△	⚼				
5	6 54	24 10	12 53	16 33	5 36	18 28	0 ♌ 2			□	⚼	△		☍	⚼	
6	6 53	24 12	13 0	16 28	6 13	19 41	1 58						☌		△	⚼
7	6 53	24 14	13 7	16 22	6 51	20 53	3 56	⚼	☍	△						△
8	6 53	24 16	13 14	16 17	7 29	22 6	5 56	△				□	⊻			
9	6 52	24 18	13 21	16 11	8 7	23 19	7 57			⚼	☍		∠	⚼	□	
10	6 52	24 20	13 28	16 5	8 44	24 32	9 59					✱	✱	△		□
11	6 52	24 22	13 35	15 59	9 22	25 45	12 2	□	⚼			∠			✱	
12	6 52	24 24	13 42	15 53	10 0	26 58	14 5		△	☍	⚼			□	∠	
13	6 51	24 26	13 49	15 46	10 38	28 11	16 9	✱			△	⊻	□			✱
14	6 51	24 28	13 55	15 40	11 16	29 ♋ 24	18 12	∠	□					✱	⊻	∠
15	6 51	24 30	14 2	15 33	11 54	0 ♌ 37	20 14	⊻		⚼	□	☌	△			⊻
16	6 51	24 32	14 9	15 26	12 32	1 50	22 16		✱	△			⚼	∠	☌	
17	6 51	24 35	14 15	15 20	13 10	3 4	24 17	☌	∠		✱	⊻		⊻		☌
18	6 51	24 37	14 22	15 13	13 48	4 17	26 17		⊻	□	∠	∠			⊻	
19	6 D 51	24 39	14 29	15 6	14 26	5 30	28 ♌ 16	⊻			⊻	✱	☍	☌	∠	
20	6 51	24 42	14 35	14 58	15 4	6 44	0 ♍ 14		☌	✱					✱	⊻
21	6 51	24 44	14 41	14 51	15 43	7 57	2 11	∠		∠	☌	□		⊻		∠
22	6 51	24 47	14 48	14 44	16 21	9 10	4 7	✱	⊻	⊻			⚼	∠		✱
23	6 51	24 49	14 54	14 37	16 59	10 24	6 1		∠			△	△	✱	□	
24	6 51	24 52	15 0	14 29	17 37	11 37	7 54	□	✱		⊻	⚼				
25	6 52	24 54	15 7	14 22	18 15	12 51	9 46			☌	∠		□		△	□
26	6 52	24 57	15 13	14 14	18 54	14 5	11 36				✱			□	⚼	
27	6 52	25 0	15 19	14 6	19 32	15 18	13 25	△	□	⊻						
28	6 52	25 2	15 25	13 59	20 10	16 32	15 13	⚼		∠		☍	✱	△		△
29	6 53	25 5	15 31	13 51	20 49	17 46	16 59				□		∠			⚼
30	6 53	25 8	15 37	13 43	21 27	18 59	18 44		△	✱			⊻	⚼		
31	6 ♐ 53	25 ♎ 11	15 ♋ 42	13 ♓ 35	22 ♍ 5	20 ♌ 13	20 ♍ 28		⚼		△				☍	

NEW MOON—September 16, 2*h*. 45*m*. *a.m.*

D M	Neptune. Lat.	Neptune. Dec.	Herschel. Lat.	Herschel. Dec.	Saturn. Lat.	Saturn. Dec.	Jupiter. Lat.	Jupiter. Dec.	Mars. Lat.	Mars. Dec.	Mars. Dec.
	° ′	° ′	° ′	° ′	° ′	° ′	° ′	° ′	° ′	° ′	° ′
1	1 N34	19 S 55	0 N32	9 S 16	0 S 31	22 N 0	1 S 27	7 S 51	0 N52	3 N41	3 N26
3	1 34	19 55	0 32	9 18	0 31	21 58	1 27	7 57	0 51	3 10	2 54
5	1 34	19 55	0 32	9 20	0 31	21 57	1 27	8 3	0 51	2 39	2 23
7	1 34	19 56	0 32	9 22	0 31	21 56	1 27	8 9	0 50	2 7	1 51
9	1 34	19 56	0 32	9 24	0 31	21 55	1 27	8 15	0 49	1 36	1 20
11	1 34	19 56	0 32	9 27	0 31	21 54	1 27	8 22	0 48	1 4	0 48
13	1 34	19 57	0 32	9 29	0 31	21 52	1 28	8 28	0 47	0 32	0 N17
15	1 34	19 57	0 32	9 32	0 30	21 51	1 28	8 33	0 46	0 N 1	0 S 15
17	1 34	19 57	0 32	9 34	0 30	21 50	1 28	8 39	0 45	0 S 31	0 47
19	1 33	19 58	0 32	9 37	0 30	21 49	1 27	8 45	0 45	1 3	1 19
21	1 33	19 58	0 32	9 39	0 30	21 48	1 27	8 50	0 44	1 35	1 50
23	1 33	19 59	0 32	9 42	0 30	21 47	1 27	8 56	0 43	2 6	2 22
25	1 33	19 59	0 32	9 44	0 30	21 46	1 27	9 1	0 42	2 38	2 54
27	1 33	20 0	0 32	9 47	0 30	21 45	1 27	9 6	0 41	3 10	3 S 26
29	1 33	20 0	0 32	9 49	0 30	21 45	1 27	9 11	0 40	3 41	
30	1 N33	20 S 0	0 N32	9 S 51	0 S 30	21 N44	1 S 27	9 S 13	0 N40	3 S 57	

D M	D W	Sidereal Time	☉ Long.	☉ Dec.	☽ Long.	☽ Lat.	☽ Dec.	MIDNIGHT ☽ Long.	MIDNIGHT ☽ Dec.
		H. M. S.	° ′ ″	° ′	° ′ ″	° ′	° ′	° ′ ″	° ′
1	𝔖	10 41 5	8 ♍ 40 14	8 N19	5 ♓ 14 53	4 N55	5 S 0	11 ♓ 16 4	2 S 44
2	M	10 45 1	9 38 17	7 57	17 18 55	5 0	0 S 24	23 23 34	1 N55
3	Tu	10 48 58	10 36 22	7 36	29 30 7	4 51	4 N15	5 ♈ 38 43	6 33
4	W	10 52 54	11 34 29	7 13	11 ♈ 49 28	4 28	8 47	18 2 33	10 57
5	Th	10 56 51	12 32 38	6 51	24 18 9	3 52	13 1	0 ♉ 36 27	14 58
6	F	11 0 48	13 30 49	6 29	6 ♉ 57 44	3 5	16 45	13 22 14	18 21
7	S	11 4 44	14 29 1	6 7	19 50 18	2 7	19 44	26 22 14	20 53
8	𝔖	11 8 41	15 27 16	5 44	2 ♊ 58 24	1 N 1	21 45	9 ♊ 39 6	22 20
9	M	11 12 37	16 25 33	5 21	16 24 41	0 S 10	22 35	23 15 24	22 31
10	Tu	11 16 34	17 23 52	4 59	0 ♋ 11 29	1 21	22 5	7 ♋ 13 2	21 18
11	W	11 20 30	18 22 13	4 36	14 20 4	2 30	20 11	21 32 25	18 43
12	Th	11 24 27	19 20 36	4 13	28 49 48	3 31	16 57	6 ♌ 11 42	14 54
13	F	11 28 23	20 19 1	3 50	13 ♌ 37 27	4 19	12 36	21 6 11	10 5
14	S	11 32 20	21 17 28	3 27	28 36 51	4 50	7 25	6 ♍ 8 20	4 N38
15	𝔖	11 36 17	22 15 57	3 4	13 ♍ 39 22	5 1	1 N48	21 8 45	1 S 4
16	M	11 40 13	23 14 28	2 41	28 35 11	4 51	3 S 53	5 ♎ 57 35	6 38
17	Tu	11 44 10	24 13 1	2 18	13 ♎ 14 57	4 22	9 15	20 26 27	11 43
18	W	11 48 6	25 11 36	1 55	27 31 28	3 37	13 58	4 ♏ 29 35	16 0
19	Th	11 52 3	26 10 12	1 31	11 ♏ 20 36	2 41	17 47	18 4 29	19 18
20	F	11 55 59	27 8 50	1 8	24 41 24	1 37	20 31	1 ♐ 11 39	21 27
21	S	11 59 56	28 7 30	0 45	7 ♐ 35 39	0 S 31	22 5	13 53 54	22 26
22	𝔖	12 3 52	29 ♍ 6 12	0 N21	20 6 59	0 N36	22 29	26 15 32	22 15
23	M	12 7 49	0 ♎ 4 55	0 S 2	2 ♑ 20 14	1 39	21 46	8 ♑ 21 43	21 2
24	Tu	12 11 45	1 3 40	0 25	14 20 40	2 37	20 4	20 17 44	18 54
25	W	12 15 42	2 2 27	0 49	26 13 32	3 27	17 31	2 ♒ 8 41	15 58
26	Th	12 19 39	3 1 15	1 12	8 ♒ 3 44	4 8	14 16	13 59 12	12 24
27	F	12 23 35	4 0 5	1 35	19 55 31	4 38	10 26	25 53 7	8 21
28	S	12 27 32	4 58 57	1 59	1 ♓ 52 21	4 57	6 11	7 ♓ 53 29	3 S 57
29	𝔖	12 31 28	5 57 51	2 22	13 56 48	5 2	1 S 40	20 2 27	0 N39
30	M	12 35 25	6 ♎ 56 47	2 S 46	26 10 36	4 N54	2 N59	2 ♈ 21 21	5 N17

FIRST QUARTER—September 23, 7*h*. 8*m*. *a.m.*

FULL MOON—September 1, 7*h.* 25*m.* *p.m.*

D M	Venus Lat.	Venus Dec.		Mercury Lat.	Mercury Dec.		☽ Node.
	° ′	° ′	° ′	° ′	° ′	° ′	° ′
1	0 N59	15 N17	14 N55	0 N51	3 N53	3 N 7	15 ♐ 2
3	1 2	14 32	14 9	0 38	2 21	1 35	14 55
5	1 6	13 45	13 21	0 24	0 N50	0 N 5	14 49
7	1 9	12 57	12 32	0 N 9	0 S 40	1 S 24	14 42
9	1 12	12 7	11 42	0 S 6	2 8	2 51	14 36
11	1 14	11 16	10 50	0 22	3 34	4 16	14 30
13	1 17	10 24	9 58	0 37	4 58	5 40	14 23
15	1 19	9 31	9 4	0 53	6 21	7 1	14 17
17	1 21	8 36	8 9	1 9	7 40	8 19	14 11
19	1 22	7 41	7 13	1 25	8 57	9 34	14 4
21	1 24	6 44	6 16	1 41	10 11	10 47	13 58
23	1 25	5 47	5 18	1 56	11 22	11 56	13 52
25	1 26	4 49	4 20	2 11	12 29	13 1	13 45
27	1 26	3 51	3 N21	2 25	13 32	14 S 2	13 39
29	1 27	2 52	—	2 38	14 30	—	13 33
30	1 N27	2 N22		2 S 45	14 S 58		13 ♐ 29

Mutual Aspects.

1. ☿ P ♂. ♀ ⊥ ♄.
2. ☉ P ♃. ☿ ☌ ♂.
3. ☉ ∠ ♅. ☿ ⊻ ♅, Q ♆.
4. ♀ ✱ ♅. ♂ Q ♆. [♀ ⊻ ♂.
5. ☉ ☍ ♃. ☿ Q ♄. ♂ ⊻ ♅.
8. ☿ P ♂. ♀ ⊥ ♇, P ♇.
9. ☉ ✱ ♄. ♀ ∠ ♄.
10. ☿ ✱ ♆, ☌ ♇. ♂ Q ♄.
12. ☉ P ☿, ⊥ ♅.
13. ☿ ▽ ♃. ♀ ⊻ ♇.
14. ♀ □ ♆. 15. ♀ P ♅.
17. ☿ ± ♃, □ ♄. ♀ ☍ ♃, P ♃, ∠ ♅.
18. ☉ Q ♆. ☿ P ♀.
19. ☉ ⊻ ♅. ☿ P ♃. ♃ ⚼ ♅.
20. ☉ P ♂. ☿ P ♅.
21. ☿ ∠ ♆.
22. ☉ Q ♄. ☿ ⊥ ♀. ♀ ✱ ♄.
23. ♂ ✱ ♆. [♂ ☌ ♇.
24. ☿ ⊥ ♀, ⚼ ♃, ☌ ♅. ♀ ⊥ ♅. 25. ☿ P ♇.
28. ♀ P ♂, Q ♆. ♂ ▽ ♃.
29. ☿ ⊥ ♆.
30. ☉ P ♀, ✱ ♆, ☌ ♇. ♀ ⊻ ♅.

D M	♆ Long.	♅ Long.	♄ Long.	♃ Long.	♂ Long.	♀ Long.	☿ Long.	☉	♇	♆	♅	♄	♃	♂	♀	☿
	° ′	° ′	° ′	° ′	° ′	° ′	° ′									
1	6 ♐ 54	25 ♎ 14	15 ♋ 48	13 ♓ 27	22 ♍ 44	21 ♌ 27	22 ♍ 11	☍		□	⚼	⚼				
2	6 54	25 16	15 54	13 ℞ 19	23 22	22 41	23 52					△	☌			
3	6 55	25 19	15 59	13 11	24 1	23 55	25 32							☍		☍
4	6 55	25 22	16 5	13 4	24 39	25 9	27 11		☍	△		□	⊻		⚼	
5	6 56	25 25	16 10	12 56	25 18	26 23	28 ♍ 48	⚼		⚼	☍		∠		△	
6	6 56	25 28	16 16	12 48	25 56	27 37	0 ♎ 25						✱	⚼		
7	6 57	25 31	16 21	12 40	26 35	28 ♌ 51	2 0	△	⚼			✱				⚼
8	6 58	25 34	16 26	12 32	27 14	0 ♍ 5	3 34		△	☍		∠		△	□	△
9	6 58	25 38	16 32	12 24	27 52	1 19	5 7	□			⚼	⊻	□			
10	6 59	25 41	16 37	12 16	28 31	2 33	6 39		□		△			□	✱	
11	7 0	25 44	16 42	12 8	29 10	3 47	8 9	✱				☌	△		∠	□
12	7 1	25 47	16 47	12 0	29 ♍ 48	5 1	9 39	∠	✱	⚼	□		⚼	✱	⊻	
13	7 1	25 50	16 52	11 52	0 ♎ 27	6 16	11 7	⊻	∠	△		⊻		∠		✱
14	7 2	25 54	16 56	11 45	1 6	7 30	12 34		⊻		✱	∠		⊻		∠
15	7 3	25 57	17 1	11 37	1 45	8 44	14 0			□	∠	✱	☍		☌	⊻
16	7 4	26 0	17 6	11 29	2 24	9 59	15 25	☌			⊻			☌		
17	7 5	26 3	17 10	11 22	3 3	11 13	16 48		☌	✱		□			⊻	☌
18	7 6	26 7	17 15	11 14	3 42	12 28	18 10	⊻		∠	☌		⚼	⊻	∠	
19	7 7	26 10	17 19	11 7	4 21	13 42	19 31	∠	⊻	⊻		△	△		✱	
20	7 8	26 14	17 23	10 59	5 0	14 56	20 51	✱	∠		⊻			∠		⊻
21	7 9	26 17	17 28	10 52	5 39	16 11	22 9		✱	☌	∠	⚼	□	✱		∠
22	7 10	26 20	17 32	10 45	6 18	17 26	23 26								□	✱
23	7 11	26 24	17 36	10 38	6 57	18 40	24 41	□	□	⊻	✱			□		
24	7 12	26 27	17 40	10 31	7 36	19 55	25 55					☍	✱			
25	7 13	26 31	17 44	10 24	8 15	21 9	27 7			∠	□		∠		△	□
26	7 15	26 34	17 47	10 17	8 55	22 24	28 17	△	△	✱			⊻	△	⚼	
27	7 16	26 38	17 51	10 11	9 34	23 39	29 ♎ 26	⚼	⚼					⚼		
28	7 17	26 42	17 55	10 4	10 13	24 53	0 ♏ 32			□	△	⚼				△
29	7 18	26 45	17 58	9 58	10 52	26 8	1 36				⚼	△	☌			⚼
30	7 ♐ 20	26 ♎ 49	18 ♋ 1	9 ♓ 52	11 ♎ 32	27 ♍ 23	2 ♏ 38								☍	

LAST QUARTER—September 9, 0*h.* 1*m.* *p.m.*

NEW MOON—October 15, 0*h*. 25*m*. *p.m.*

D M	Neptune. Lat.	Neptune. Dec.	Herschel. Lat.	Herschel. Dec.	Saturn. Lat.	Saturn. Dec.	Jupiter. Lat.	Jupiter. Dec.	Mars. Lat.	Mars. Dec.	Mars. Dec.
	° ′	° ′	° ′	° ′	° ′	° ′	° ′	° ′	° ′	° ′	° ′
1	1 N33	20 S 1	0 N32	9 S 52	0 S 30	21 N44	1 S 27	9 S 15	0 N39	4 S 13	4 S 29
3	1 33	20 1	0 32	9 55	0 30	21 43	1 27	9 19	0 38	4 45	5 0
5	1 33	20 2	0 32	9 57	0 30	21 42	1 26	9 23	0 37	5 16	5 32
7	1 33	20 2	0 32	10 0	0 30	21 42	1 26	9 27	0 36	5 47	6 3
9	1 32	20 3	0 32	10 4	0 29	21 41	1 26	9 31	0 35	6 19	6 34
11	1 32	20 4	0 32	10 7	0 29	21 40	1 25	9 34	0 34	6 50	7 5
13	1 32	20 4	0 32	10 9	0 29	21 40	1 25	9 37	0 33	7 21	7 36
15	1 32	20 5	0 32	10 11	0 29	21 40	1 25	9 40	0 32	7 52	8 7
17	1 32	20 5	0 32	10 13	0 29	21 39	1 25	9 42	0 31	8 22	8 38
19	1 32	20 6	0 32	10 16	0 29	21 39	1 24	9 44	0 30	8 53	9 8
21	1 32	20 7	0 32	10 19	0 29	21 39	1 24	9 46	0 29	9 23	9 38
23	1 32	20 7	0 32	10 22	0 29	21 38	1 24	9 47	0 28	9 53	10 8
25	1 32	20 8	0 32	10 24	0 29	21 38	1 23	9 49	0 27	10 23	10 38
27	1 32	20 9	0 32	10 27	0 29	21 38	1 23	9 49	0 26	10 52	11 7
29	1 32	20 9	0 32	10 30	0 29	21 38	1 22	9 50	0 25	11 22	11 S 36
31	1 N32	20 S 10	0 N32	10 S 32	0 S 29	21 N38	1 S 22	9 S 50	0 N24	11 S 51	

D M	D W	Sidereal Time	☉ Long.	☉ Dec.	☽ Long.	☽ Lat.	☽ Dec.	MIDNIGHT ☽ Long.	MIDNIGHT ☽ Dec.
		H. M. S.	° ′ ″	° ′	° ′ ″	° ′	° ′	° ′ ″	° ′
1	TU	12 39 21	7♎55 44	3 S 9	8♈34 44	4 N32	7 N34	14♈50 47	9 N47
2	W	12 43 18	8 54 44	3 32	21 9 33	3 56	11 54	27 31 0	13 55
3	TH	12 47 14	9 53 46	3 55	3♉55 9	3 8	15 46	10♉22 1	17 28
4	F	12 51 11	10 52 50	4 18	16 51 38	2 9	18 57	23 24 3	20 12
5	S	12 55 8	11 51 56	4 42	29 59 20	1 N 3	21 11	6♊37 36	21 53
6	𝕾	12 59 4	12 51 5	5 5	13♊18 57	0 S 8	22 16	20 3 32	22 21
7	M	13 3 1	13 50 16	5 28	26 51 28	1 19	22 5	3♋42 55	21 29
8	TU	13 6 57	14 49 29	5 51	10♋37 56	2 28	20 34	17 36 37	19 19
9	W	13 10 54	15 48 44	6 13	24 38 58	3 28	17 47	1♌44 51	15 58
10	TH	13 14 50	16 48 2	6 36	8♌54 8	4 17	13 54	16 6 29	11 37
11	F	13 18 47	17 47 22	6 59	23 21 28	4 51	9 9	0♍38 34	6 33
12	S	13 22 43	18 46 44	7 22	7♍57 4	5 5	3 N51	15 16 14	1 N 6
13	𝕾	13 26 40	19 46 9	7 44	22 35 12	5 0	1 S 40	29 53 4	4 S 24
14	M	13 30 37	20 45 36	8 6	7♎ 8 54	4 36	7 4	14♎21 49	9 37
15	TU	13 34 33	21 45 5	8 29	21 31 1	3 55	12 1	28 35 44	14 13
16	W	13 38 30	22 44 36	8 51	5♏35 23	2 59	16 12	12♏29 30	17 56
17	TH	13 42 26	23 44 9	9 13	19 17 44	1 55	19 24	25 59 57	20 34
18	F	13 46 23	24 43 44	9 35	2♐36 7	0 S 46	21 26	9♐ 6 21	22 0
19	S	13 50 19	25 43 21	9 57	15 30 52	0 N24	22 15	21 50 2	22 14
20	𝕾	13 54 16	26 42 59	10 18	28 4 16	1 31	21 55	4♑14 3	21 20
21	M	13 58 12	27 42 40	10 40	10♑19 58	2 32	20 31	16 22 36	19 28
22	TU	14 2 9	28 42 22	11 1	22 22 35	3 25	18 13	28 20 31	16 46
23	W	14 6 6	29♎42 5	11 22	4♒17 5	4 9	15 10	10♒12 54	13 24
24	TH	14 10 2	0♏41 51	11 43	16 8 35	4 42	11 31	22 4 45	9 31
25	F	14 13 59	1 41 38	12 4	28 1 55	5 2	7 25	4♓ 0 39	5 15
26	S	14 17 55	2 41 27	12 25	10♓ 1 26	5 10	3 S 1	16 4 40	0 S 44
27	𝕾	14 21 52	3 41 17	12 45	22 10 44	5 4	1 N34	28 19 57	3 N52
28	M	14 25 48	4 41 9	13 5	4♈32 34	4 44	6 9	10♈48 45	8 24
29	TU	14 29 45	5 41 3	13 25	17 8 39	4 10	10 35	23 32 18	12 40
30	W	14 33 41	6 40 59	13 45	29 59 42	3 23	14 38	6♉30 47	16 26
31	TH	14 37 38	7♏40 57	14 S 5	13♉ 5 27	2 N24	18 N 3	19 43 33	19 N27

FIRST QUARTER—October 23, 1*h*. 53*m*. *a.m.*

FULL MOON—October 1, 10*h.* 38*m.* *a.m.* and October 31, 1*h.* 19*m.* *a.m.*

OCTOBER, 1974

D M	Venus. Lat.	Venus. Dec.		Mercury. Lat.	Mercury. Dec.		☽ Node.
	° ′	° ′	° ′	° ′	° ′	° ′	° ′
1	1 N27	1 N52		2 S 51	15 S 24		13 ♐ 26
			1 N23			15 S 49	
3	1 26	0 N53		3 2	16 12		13 20
			0 N23			16 33	
5	1 26	0 S 7		3 11	16 53		13 13
			0 S 37			17 11	
7	1 25	1 7		3 18	17 27		13 7
			1 37			17 41	
9	1 24	2 7		3 22	17 53		13 1
			2 37			18 2	
11	1 23	3 7		3 24	18 8		12 54
			3 37			18 12	
13	1 22	4 7		3 21	18 12		12 48
			4 37			18 8	
15	1 20	5 7		3 13	18 1		12 42
			5 36			17 50	
17	1 18	6 6		2 59	17 34		12 35
			6 35			17 14	
19	1 16	7 4		2 39	16 50		12 29
			7 33			16 21	
21	1 13	8 2		2 12	15 48		12 23
			8 31			15 11	
23	1 11	9 0		1 38	14 30		12 16
			9 28			13 47	
25	1 8	9 56		0 58	13 2		12 10
			10 24			12 16	
27	1 5	10 52		0 S 17	11 31		12 4
			11 19			10 48	
29	1 1	11 46		0 N23	10 9		11 57
			12 S 13			9 S 33	
31	0 N58	12 S 40		0 N59	9 S 2		11 ♐ 51

Mutual Aspects.

2. ♀ Q ♄. 3. ☉ ∇ ♃.
5. ☿ ⚺ ♆, ⚺ ♇.
6. ♂ ± ♃.
8. ☉ ± ♃. ☿ △ ♃. ♀ ✱ ♆, ☌ ♇.
9. ♀ ∇ ♃.
10. ☉ P ♂. ☿ ⚺ ♀.
11. ♂ □ ♄.
12. ☉ □ ♄. 13. ☿ Stat.
14. ☉ ☌ ♂. ♀ ± ♃.
16. ☉ ∠ ♆.
17. ☉ ⚼ ♃. ♀ □ ♄. ♂ ∠ ♆.
18. ☉ P ♃. ♂ ⚼ ♃.
19. ☿ △ ♃.
20. ☉ P ♅. ☿ ⚺ ♇, ⚺ ♆. ♀ ∠ ♆.
21. ☉ ☌ ♅. ♀ ⚼ ♃.
23. ♂ P ♃.
24. ☉ P ♇. ♀ ☌ ♂.
25. ☉ ☌ ☿, ⊥ ♆. ☿ ⊥ ♆. ♀ ☌ ♅, P ♃. ♂ ☌ ♅, P ♅.
26. ☉ P ☿. ☿ ☌ ♀. ♀ P ♅.
27. ☿ ☌ ♂, P ♇. ♀ P ♂. ♃ □ ♆.
28. ☿ P ♀, P ♂, ☌ ♅, P ♅. ♀ ⊥ ♆.
29. ♀ P ♇. 30. ☿ P ♃.
31. ☉ △ ♃, ⚺ ♇. ♂ ⊥ ♆, P ♇. ♄ Stat.

D M	♆ Long.	♅ Long.	♄ Long.	♃ Long.	♂ Long.	♀ Long.	☿ Long.	Lunar Aspects. ☉	♇	♆	♅	♄	♃	♂	♀	☿
	° ′	° ′	° ′	° ′	° ′	° ′	° ′									
1	7 ♐ 21	26 ♎ 52	18 ♋ 5	9 ♓ 45	12 ♎ 11	28 ♍ 38	3 ♏ 38	☍	☍	△			⚺	☍		
2	7 22	26 56	18 8	9 ℞ 39	12 51	29 ♍ 52	4 35			⚼	☍	□	∠			
3	7 24	27 0	18 11	9 34	13 30	1 ♎ 7	5 29						✱			☍
4	7 25	27 3	18 14	9 28	14 10	2 22	6 19		⚼			✱			⚼	
5	7 27	27 7	18 17	9 22	14 49	3 37	7 7	⚼				∠		⚼	△	
6	7 28	27 11	18 20	9 17	15 29	4 52	7 50	△	△	☍	⚼	⚺	□	△		
7	7 29	27 14	18 22	9 12	16 8	6 7	8 30				△					⚼
8	7 31	27 18	18 25	9 7	16 48	7 22	9 5	□	□				△	□	□	△
9	7 33	27 22	18 27	9 2	17 28	8 36	9 35			⚼	□	☌	⚼			
10	7 34	27 25	18 30	8 57	18 7	9 51	10 0		✱	△					✱	□
11	7 36	27 29	18 32	8 52	18 47	11 6	10 19	✱	∠		✱	⚺		✱	∠	
12	7 37	27 33	18 34	8 48	19 27	12 21	10 32	∠	⚺	□	∠	∠	☍	∠	⚺	✱
13	7 39	27 37	18 36	8 44	20 7	13 36	10 37	⚺			⚺	✱		⚺		∠
14	7 41	27 40	18 38	8 40	20 46	14 52	10 ℞ 36		☌	✱						⚺
15	7 42	27 44	18 40	8 36	21 26	16 7	10 27	☌		∠	☌	□	⚼	☌	☌	
16	7 44	27 48	18 42	8 32	22 6	17 22	10 10		⚺	⚺			△			
17	7 46	27 52	18 43	8 29	22 46	18 37	9 44	⚺	∠			△		⚺	⚺	●
18	7 48	27 55	18 45	8 25	23 26	19 52	9 10		✱	☌	⚺	⚼	□	∠	∠	⚺
19	7 49	27 59	18 46	8 22	24 6	21 7	8 27	∠			∠				✱	
20	7 51	28 3	18 48	8 19	24 46	22 22	7 36	✱			✱			✱		∠
21	7 53	28 7	18 49	8 16	25 27	23 37	6 37		□	⚺			✱			✱
22	7 55	28 10	18 50	8 14	26 7	24 52	5 31			∠	□	☍	∠	□	□	
23	7 57	28 14	18 51	8 12	26 47	26 8	4 20	□	△	✱			⚺			□
24	7 58	28 18	18 52	8 10	27 27	27 23	3 6									
25	8 0	28 22	18 52	8 8	28 7	28 38	1 50	△	⚼		△	⚼		△	△	△
26	8 2	28 25	18 53	8 6	28 48	29 ♎ 53	0 ♏ 35			□	⚼		☌	⚼	⚼	⚼
27	8 4	28 29	18 54	8 4	29 ♎ 28	1 ♏ 8	29 ♎ 23	⚼				△				
28	8 6	28 33	18 54	8 3	0 ♏ 8	2 23	28 16		☍	△			⚺			
29	8 8	28 37	18 54	8 2	0 49	3 39	27 16			⚼		□	∠			
30	8 10	28 41	18 54	8 1	1 29	4 54	26 25				☍			☍	☍	☍
31	8 ♐ 12	28 ♎ 45	18 ♋ 55	8 ♓ 0	2 ♏ 10	6 ♏ 9	25 ♎ 45	☍				✱	✱			

LAST QUARTER—October 8, 7*h.* 46*m.* *p.m.*

New Moon—November 14, 0*h.* 53*m. a.m.*

D M	Neptune. Lat.	Neptune. Dec.	Herschel. Lat.	Herschel. Dec.	Saturn. Lat.	Saturn. Dec.	Jupiter Lat.	Jupiter Dec.	Mars. Lat.	Mars. Dec.	Mars. Dec.
	° ′	° ′	° ′	° ′	° ′	° ′	° ′	° ′	° ′	° ′	° ′
1	1 N 32	20 S 10	0 N 32	10 S 34	0 S 28	21 N 38	1 S 22	9 S 50	0 N 24	12 S 5	12 S 20
3	1 32	20 11	0 32	10 36	0 28	21 38	1 21	9 50	0 23	12 34	12 48
5	1 32	20 12	0 32	10 39	0 28	21 39	1 21	9 49	0 22	13 2	13 16
7	1 31	20 13	0 32	10 41	0 28	21 39	1 21	9 49	0 20	13 30	13 44
9	1 31	20 13	0 32	10 44	0 28	21 39	1 20	9 47	0 19	13 57	14 11
11	1 31	20 14	0 32	10 47	0 28	21 40	1 20	9 46	0 18	14 25	14 38
13	1 31	20 15	0 32	10 49	0 28	21 40	1 19	9 44	0 17	14 51	15 5
15	1 31	20 15	0 32	10 52	0 28	21 41	1 19	9 42	0 16	15 18	15 31
17	1 31	20 16	0 32	10 54	0 28	21 41	1 18	9 40	0 15	15 44	15 56
19	1 31	20 17	0 32	10 57	0 28	21 42	1 18	9 37	0 14	16 9	16 22
21	1 31	20 18	0 32	10 59	0 27	21 43	1 18	9 34	0 13	16 34	16 46
23	1 31	20 18	0 32	11 1	0 27	21 43	1 17	9 31	0 12	16 58	17 10
25	1 31	20 19	0 32	11 4	0 27	21 44	1 17	9 27	0 10	17 22	17 34
27	1 31	20 20	0 32	11 6	0 27	21 45	1 16	9 24	0 9	17 46	17 S 57
29	1 31	20 20	0 32	11 8	0 27	21 46	1 16	9 19	0 8	18 9	
30	1 N 31	20 S 21	0 N 32	11 S 9	0 S 27	21 N 47	1 S 16	9 S 17	0 N 7	18 S 20	

D M	D W	Sidereal Time	☉ Long.	☉ Dec.	☽ Long.	☽ Lat.	☽ Dec.	MIDNIGHT ☽ Long.	MIDNIGHT ☽ Dec.
		H. M. S.	° ′ ″	° ′	° ′ ″	° ′	° ′	° ′ ″	° ′
1	F	14 41 34	8 ♏ 40 57	14 S 24	26 ♉ 24 55	1 N 16	20 N 35	3 ♊ 9 21	21 N 26
2	S	14 45 31	9 40 59	14 43	9 ♊ 56 39	0 N 3	21 59	16 46 37	22 13
3	𝔖	14 49 28	10 41 3	15 2	23 39 2	1 S 12	22 6	0 ♋ 33 43	21 38
4	M	14 53 24	11 41 8	15 21	7 ♋ 30 29	2 23	20 51	14 29 9	19 44
5	Tu	14 57 21	12 41 16	15 39	21 29 33	3 26	18 20	28 31 31	16 38
6	W	15 1 17	13 41 26	15 57	5 ♌ 34 52	4 18	14 42	12 ♌ 39 24	12 34
7	Th	15 5 14	14 41 38	16 15	19 44 55	4 54	10 14	26 51 10	7 46
8	F	15 9 10	15 41 52	16 33	3 ♍ 57 52	5 12	5 N 12	11 ♍ 4 40	2 N 34
9	S	15 13 7	16 42 8	16 50	18 11 14	5 11	0 S 7	25 17 7	2 S 47
10	𝔖	15 17 3	17 42 27	17 7	2 ♎ 21 55	4 52	5 24	9 ♎ 25 9	7 57
11	M	15 21 0	18 42 47	17 24	16 26 21	4 14	10 23	23 25 1	12 39
12	Tu	15 24 57	19 43 9	17 40	0 ♏ 20 43	3 22	14 45	7 ♏ 13 0	16 38
13	W	15 28 53	20 43 32	17 56	14 1 30	2 20	18 16	20 45 54	19 38
14	Th	15 32 50	21 43 58	18 12	27 25 57	1 S 10	20 44	4 ♐ 1 29	21 31
15	F	15 36 46	22 44 25	18 28	10 ♐ 32 24	0 N 2	22 0	16 58 42	22 11
16	S	15 40 43	23 44 54	18 43	23 20 29	1 12	22 5	29 37 54	21 41
17	𝔖	15 44 39	24 45 24	18 58	5 ♑ 51 12	2 17	21 2	12 ♑ 0 41	20 8
18	M	15 48 36	25 45 55	19 12	18 6 44	3 14	19 0	24 9 47	17 40
19	Tu	15 52 32	26 46 28	19 26	0 ♒ 10 18	4 2	16 10	6 ♒ 8 49	14 30
20	W	15 56 29	27 47 2	19 40	12 5 52	4 39	12 42	18 2 2	10 46
21	Th	16 0 26	28 47 37	19 54	23 57 54	5 4	8 45	29 54 5	6 38
22	F	16 4 22	29 ♏ 48 14	20 7	5 ♓ 51 11	5 16	4 S 28	11 ♓ 49 47	2 S 14
23	S	16 8 19	0 ♐ 48 52	20 19	17 50 27	5 14	0 N 1	23 53 46	2 N 18
24	𝔖	16 12 15	1 49 30	20 32	0 ♈ 0 14	4 58	4 34	6 ♈ 10 20	6 49
25	M	16 16 12	2 50 10	20 44	12 24 30	4 29	9 2	18 43 5	11 10
26	Tu	16 20 8	3 50 51	20 55	25 6 23	3 45	13 12	1 ♉ 34 38	15 8
27	W	16 24 5	4 51 33	21 7	8 ♉ 7 56	2 49	16 53	14 46 20	18 27
28	Th	16 28 1	5 52 17	21 17	21 29 45	1 42	19 47	28 18 3	20 51
29	F	16 31 58	6 53 1	21 28	5 ♊ 10 57	0 N 28	21 38	12 ♊ 8 7	22 5
30	S	16 35 55	7 ♐ 53 47	21 S 38	19 9 7	0 S 49	22 N 11	26 13 27	21 N 56

First Quarter—November 21, 10*h.* 39*m. p.m.*

FULL MOON—November 29, 3*h.* 10*m. p.m.*

D M	Venus Lat.	Venus Dec.	Venus Dec.	Mercury Lat.	Mercury Dec.	Mercury Dec.	☽ Node.
	° ′	° ′	° ′	° ′	° ′	° ′	° ′
1	0 N56	13 S 6		1 N14	8 S 37		11 ♐ 48
2			13 S 32			8 S 18	
3	0 52	13 58		1 40	8 5		11 41
4			14 23			7 57	
5	0 49	14 48		1 59	7 55		11 35
6			15 12			7 58	
7	0 45	15 36		2 10	8 6		11 29
8			16 0			8 19	
9	0 40	16 24		2 16	8 35		11 22
10			16 47			8 54	
11	0 36	17 9		2 17	9 16		11 16
12			17 31			9 41	
13	0 32	17 53		2 14	10 8		11 10
14			18 14			10 36	
15	0 27	18 34		2 8	11 6		11 3
16			18 54			11 37	
17	0 23	19 14		1 59	12 8		10 57
18			19 33			12 40	
19	0 18	19 52		1 49	13 13		10 50
20			20 9			13 46	
21	0 13	20 27		1 37	14 19		10 44
22			20 44			14 51	
23	0 9	21 0		1 24	15 24		10 38
24			21 15			15 56	
25	0 N 4	21 30		1 11	16 28		10 31
26			21 45			16 59	
27	0 S 1	21 59		0 57	17 30		10 25
28			22 S 12			18 S 0	
29	0 6	22 24		0 43	18 29		10 19
30	0 S 8	22 S 36		0 N36	18 S 58		10 ♐ 15

Mutual Aspects.

1. ☉ ⊻ ♆. ♀ △ ♃, ⊻ ♇.
2. ♀ ⊻ ♆.
3. ☿ Stat. ♃ Stat.
4. ♃ ∇ ♇.
6. ☉ ☌ ♀, ⊥ ♇. ♀ ⊥ ♇.
9. ♂ △ ♃, ⊻ ♆, ⊻ ♇.
10. ♀ △ ♄.
11. ☉ △ ♄. ☿ ☌ ♅.
12. ☿ P ♃. 13. ☿ ⊥ ♆.
14. ☉ P ♀. ♀ ∠ ♇.
15. ☿ P ♅.
16. ☉ ∠ ♇. ☿ P ♄.
18. ☿ △ ♃, ⊻ ♆, ⊻ ♇. ♂ ⊥ ♇.
19. ♀ ⊻ ♅.
20. ♀ P ♆. ♃ ∇ ♇.
22. ☉ ⊻ ♅. ☿ ⊥ ♇. ♀ ⚼ ♄.
23. ☉ P ♆.
24. ☿ △ ♄. ♀ ⊥ ♅. ♂ △ ♄.
25. ☉ ⚼ ♄. ☿ ☌ ♂.
26. ♀ □ ♃, P ♄, ☌ ♆, ⚹ ♇.
28. ☿ P ♂, ∠ ♇.
29. ☉ ⊥ ♅. ♀ ± ♄.

D M	♆ Long.	♅ Long.	♄ Long.	♃ Long.	♂ Long.	♀ Long.	☿ Long.	Lunar Aspects ☉	♇	♆	♅	♄	♃	♂	♀	☿
	° ′	° ′	° ′	° ′	° ′	° ′	° ′									
1	8 ♐ 14	28 ♎ 48	18 ♋ 55	8 ♓ 0	2 ♏ 50	7 ♏ 24	25 ♎ 16		⚼							
2	8 16	28 52	18 ℞54	7 ℞59	3 31	8 40	24 ℞58		△	☍	⚼	∠	□			⚼
3	8 18	28 56	18 54	7 59	4 11	9 55	24 52	⚼			△	⊻		⚼	⚼	△
4	8 20	28 59	18 54	7 D59	4 52	11 10	24 D57	△	□				△	△	△	
5	8 22	29 3	18 53	8 0	5 33	12 25	25 13			⚼		☌	⚼			□
6	8 24	29 7	18 53	8 0	6 13	13 41	25 39		⚹	△	□			□		
7	8 26	29 11	18 52	8 1	6 54	14 56	26 14	□	∠			⊻			□	⚹
8	8 29	29 14	18 51	8 2	7 35	16 11	26 57		⊻	□	⚹	∠	☍	⚹		
9	8 31	29 18	18 50	8 3	8 16	17 27	27 48	⚹			∠	⚹		∠	⚹	∠
10	8 33	29 21	18 49	8 4	8 57	18 42	28 45	∠	☌	⚹	⊻			⊻	∠	⊻
11	8 35	29 25	18 48	8 6	9 38	19 57	29 ♎ 49	⊻				□	⚼		⊻	
12	8 37	29 29	18 47	8 8	10 19	21 13	0 ♏ 57			∠	☌					☌
13	8 39	29 32	18 45	8 9	11 0	22 28	2 9		⊻	⊻		△	△	☌		
14	8 41	29 36	18 44	8 12	11 41	23 43	3 25	☌	∠		⊻	⚼			☌	
15	8 44	29 39	18 42	8 14	12 22	24 59	4 45		⚹	☌	∠		□	⊻		⊻
16	8 46	29 43	18 40	8 16	13 3	26 14	6 6	⊻						∠	⊻	∠
17	8 48	29 47	18 39	8 19	13 44	27 29	7 31	∠	□	⊻	⚹		⚹			⚹
18	8 50	29 50	18 37	8 22	14 25	28 ♏ 45	8 56			∠		☍	∠	⚹	∠	
19	8 52	29 54	18 35	8 25	15 7	0 ♐ 0	10 24	⚹			□				⚹	
20	8 55	29 ♎ 57	18 33	8 29	15 48	1 16	11 53		△	⚹			⊻	□		□
21	8 57	0 ♏ 0	18 30	8 32	16 29	2 31	13 23	□	⚼							
22	8 59	0 4	18 28	8 36	17 11	3 46	14 53			□	△	⚼	☌		□	
23	9 1	0 7	18 26	8 40	17 52	5 2	16 25				⚼	△		△		△
24	9 4	0 11	18 23	8 44	18 33	6 17	17 57	△						⚼		⚼
25	9 6	0 14	18 20	8 48	19 15	7 32	19 29	⚼	☍	△		□	⊻		△	
26	9 8	0 17	18 18	8 53	19 56	8 48	21 2			⚼	☍		∠		⚼	
27	9 10	0 21	18 15	8 57	20 38	10 3	22 35						⚹			
28	9 13	0 24	18 12	9 2	21 20	11 18	24 8		⚼			⚹		☍		☍
29	9 15	0 27	18 9	9 7	22 1	12 34	25 41	☍	△	☍		∠	□			
30	9 ♐ 17	0 ♏ 30	18 ♋ 6	9 ♓ 12	22 ♏ 43	13 ♐ 49	27 ♏ 15				⚼	⊻			☍	

LAST QUARTER—November 7, 2*h.* 47*m. a.m.*

New Moon—December 13, 4*h.* 25*m.* *p.m.*

D M	Neptune. Lat.	Neptune. Dec.	Herschel. Lat.	Herschel. Dec.	Saturn. Lat.	Saturn. Dec.	Jupiter. Lat.	Jupiter. Dec.	Mars. Lat.	Mars. Dec.	
	° ′	° ′	° ′	° ′	° ′	° ′	° ′	° ′	° ′	° ′	° ′
1	1 N31	20 S 21	0 N32	11 S 10	0 S 27	21 N47	1 S 16	9 S 15	0 N 7	18 S 31	18 S 42
3	1 31	20 22	0 32	11 13	0 27	21 48	1 15	9 10	0 6	18 53	19 3
5	1 31	20 22	0 32	11 15	0 26	21 49	1 15	9 6	0 5	19 14	19 24
7	1 31	20 23	0 32	11 17	0 26	21 50	1 14	9 0	0 3	19 34	19 44
9	1 31	20 24	0 32	11 19	0 26	21 51	1 14	8 55	0 2	19 54	20 4
11	1 31	20 24	0 32	11 21	0 26	21 53	1 13	8 49	0 N 1	20 14	20 23
13	1 31	20 25	0 32	11 23	0 26	21 54	1 13	8 43	0 0	20 32	20 41
15	1 31	20 26	0 32	11 25	0 26	21 55	1 13	8 37	0 S 2	20 50	20 58
17	1 31	20 26	0 32	11 26	0 25	21 56	1 12	8 31	0 3	21 7	21 15
19	1 31	20 27	0 32	11 28	0 25	21 58	1 12	8 24	0 4	21 23	21 31
21	1 31	20 27	0 32	11 30	0 25	21 59	1 12	8 17	0 5	21 39	21 46
23	1 31	20 28	0 32	11 31	0 25	22 0	1 11	8 10	0 7	21 54	22 1
25	1 31	20 29	0 32	11 33	0 25	22 2	1 11	8 3	0 8	22 8	22 14
27	1 31	20 29	0 32	11 34	0 25	22 3	1 11	7 56	0 9	22 21	22 27
29	1 31	20 30	0 32	11 36	0 24	22 4	1 10	7 48	0 11	22 33	22 S 39
31	1 N31	20 S 30	0 N32	11 S 37	0 S 24	22 N 6	1 S 10	7 S 40	0 S 12	22 S 45	

D M	D W	Sidereal Time	☉ Long.	☉ Dec.	☽ Long.	☽ Lat.	☽ Dec.	MIDNIGHT ☽ Long.	MIDNIGHT ☽ Dec.
		H. M. S.	° ′ ″	° ′	° ′ ″	° ′	° ′	° ′ ″	° ′
1	𝔖	16 39 51	8 ♐ 54 35	21 S 47	3 ♋ 20 34	2 S 5	21 N19	10 ♋ 29 52	20 N22
2	M	16 43 48	9 55 23	21 56	17 40 46	3 13	19 5	24 52 38	17 30
3	Tu	16 47 44	10 56 13	22 5	2 ♌ 4 53	4 10	15 38	9 ♌ 16 58	13 33
4	W	16 51 41	11 57 4	22 14	16 28 21	4 50	11 17	23 38 34	8 51
5	Th	16 55 37	12 57 57	22 21	0 ♍ 47 14	5 13	6 19	7 ♍ 53 59	3 N42
6	F	16 59 34	13 58 50	22 29	14 58 32	5 16	1 N 3	22 0 39	1 S 35
7	S	17 3 31	14 59 45	22 36	29 0 8	5 0	4 S 12	5 ♎ 56 51	6 44
8	𝔖	17 7 27	16 0 42	22 42	12 ♎ 50 41	4 27	9 11	19 41 33	11 29
9	M	17 11 24	17 1 40	22 49	26 29 22	3 40	13 38	3 ♏ 14 4	15 35
10	Tu	17 15 20	18 2 39	22 54	9 ♏ 55 38	2 41	17 20	16 34 0	18 50
11	W	17 19 17	19 3 39	23 0	23 9 8	1 34	20 4	29 41 0	21 2
12	Th	17 23 13	20 4 40	23 4	6 ♐ 9 35	0 S 23	21 43	12 ♐ 34 53	22 6
13	F	17 27 10	21 5 42	23 9	18 56 55	0 N48	22 11	25 15 42	22 0
14	S	17 31 6	22 6 44	23 12	1 ♑ 31 18	1 55	21 31	7 ♑ 43 49	20 47
15	𝔖	17 35 3	23 7 48	23 16	13 53 21	2 55	19 48	20 0 6	18 37
16	M	17 39 0	24 8 52	23 19	26 4 16	3 47	17 13	2 ♒ 6 6	15 39
17	Tu	17 42 56	25 9 56	23 21	8 ♒ 5 54	4 28	13 56	14 4 1	12 5
18	W	17 46 53	26 11 1	23 23	20 0 50	4 56	10 7	25 56 47	8 4
19	Th	17 50 49	27 12 6	23 25	1 ♓ 52 20	5 12	5 56	7 ♓ 48 0	3 S 46
20	F	17 54 46	28 13 12	23 26	13 44 20	5 15	1 S 33	19 41 52	0 N42
21	S	17 58 42	29 ♐ 14 18	23 26	25 41 11	5 4	2 N56	1 ♈ 42 53	5 10
22	𝔖	18 2 39	0 ♑ 15 24	23 27	7 ♈ 47 35	4 39	7 22	13 55 52	9 31
23	M	18 6 35	1 16 30	23 26	20 8 18	4 2	11 36	26 25 26	13 35
24	Tu	18 10 32	2 17 37	23 25	2 ♉ 47 46	3 11	15 26	9 ♉ 15 44	17 8
25	W	18 14 29	3 18 44	23 24	15 49 43	2 10	18 39	22 29 57	19 56
26	Th	18 18 25	4 19 51	23 22	29 16 36	1 N 0	20 58	6 ♊ 9 41	21 42
27	F	18 22 22	5 20 58	23 20	13 ♊ 9 5	0 S 16	22 6	20 14 29	22 10
28	S	18 26 18	6 22 5	23 17	27 25 26	1 33	21 52	4 ♋ 41 21	21 11
29	𝔖	18 30 15	7 23 12	23 14	12 ♋ 1 26	2 46	20 8	19 24 50	18 45
30	M	18 34 11	8 24 20	23 11	26 50 31	3 48	17 3	4 ♌ 17 28	15 4
31	Tu	18 38 8	9 ♑ 25 28	23 S 6	11 ♌ 44 35	4 S 36	12 N51	19 10 50	10 N26

First Quarter—December 21, 7*h.* 43*m.* *p.m.*

FULL MOON—December 29, 3*h.* 51*m. a.m.*

D M	Venus Lat.	Venus Dec.	Venus Dec. (intermediate)	Mercury Lat.	Mercury Dec.	Mercury Dec. (intermediate)	☽ Node.
	° ′	° ′	° ′	° ′	° ′	° ′	° ′
1	0 S 11	22 S 47	22 S 57	0 N 29	19 S 25	19 S 52	10 ♐ 12
3	0 15	23 7	23 16	0 15	20 18	20 43	10 6
5	0 20	23 24	23 32	0 N 1	21 7	21 31	10 0
7	0 25	23 39	23 45	0 S 13	21 53	22 14	9 53
9	0 30	23 51	23 55	0 26	22 34	22 53	9 47
11	0 34	23 59	24 3	0 39	23 11	23 27	9 41
13	0 39	24 5	24 7	0 51	23 43	23 57	9 34
15	0 43	24 8	24 8	1 3	24 10	24 21	9 28
17	0 47	24 8	24 6	1 14	24 32	24 41	9 22
19	0 51	24 4	24 2	1 25	24 49	24 55	9 15
21	0 55	23 58	23 54	1 34	25 0	25 4	9 9
23	0 59	23 49	23 43	1 42	25 6	25 7	9 2
25	1 3	23 37	23 30	1 50	25 7	25 5	8 56
27	1 7	23 22	23 13	1 56	25 1	24 56	8 50
29	1 10	23 4	22 S 54	2 2	24 50	24 S 42	8 43
31	1 S 13	22 S 44		2 S 6	24 S 32		8 ♐ 37

Mutual Aspects.

1. ☉ □ ♃, P ♄, ☌ ♆, ✱ ♇. ♀ ∠ ♅.
2. ☿ ⊻ ♅. ♂ ∠ ♇. ♃ □ ♆.
3. ☿ P ♆. ♀ ∇ ♄.
4. ☉ ± ♄. ☿ ⚼ ♄.
6. ☿ ⊥ ♅. ♀ Q ♇.
7. ☿ P ♄, ✱ ♇.
8. ☉ ∠ ♅. ☿ □ ♃, ☌ ♆.
9. ☉ ∇ ♄. ☿ ± ♄.
10. ☉ P ☿.
12. ☿ ∠ ♅. ♀ Q ♃. ♂ ⊻ ♅. ♂ P ♆.
13. ☉ Q ♇. ☿ ∇ ♄.
14. ☿ Q ♃. ♀ ✱ ♅. ♂ ⚼ ♄.
15. ☿ P ♀, Q ♇. 16. ♀ ⊻ ♂.
19. ☉ ☌ ☿. 20. ♀ □ ♇.
21. ☉ Q ♃. ♀ ⊻ ♆. ♂ ⊥ ♅.
22. ☿ ✱ ♅. ♀ ✱ ♃.
23, ☉ ✱ ♅. ♂ ✱ ♇.
24. ♀ Q ♅. ♂ P ♄.
25. ♂ ± ♄, ☌ ♆.
26. ♀ ☍ ♄. ⊥ ♆.
27. ☉ P ♀. ☿ ⊻ ♆, □ ♇. ♀ ⊥ ♂. ♄ ± ♆.
29. ☿ ⊻ ♂, ✱ ♃. ♂ □ ♃.
30. ☿ Q ♅. [♀ P ♂.
31. ☉ □ ♇. ☿ ☍ ♄, ⊥ ♆.

D M	♆ Long.	♅ Long.	♄ Long.	♃ Long.	♂ Long.	♀ Long.	☿ Long.	☉	♇	♆	♅	♄	♃	♂	♀	☿
	° ′	° ′	° ′	° ′	° ′	° ′	° ′									
1	9 ♐ 19	0 ♏ 33	18 ♋ 3	9 ♓ 18	23 ♏ 25	15 ♐ 4	28 ♏ 49		□		△		△	⚼		
2	9 22	0 37	17 ℞ 59	9 23	24 7	16 20	0 ♐ 22			⚼		☌	⚼	△		⚼
3	9 24	0 40	17 56	9 29	24 48	17 35	1 56	⚼	✱		□				⚼	△
4	9 26	0 43	17 53	9 35	25 30	18 51	3 30	△		△		⊻			△	
5	9 28	0 46	17 49	9 41	26 12	20 6	5 3		∠		✱	∠		□		□
6	9 31	0 49	17 45	9 47	26 54	21 21	6 37	□	⊻	□	∠	✱	☍		□	
7	9 33	0 52	17 42	9 54	27 36	22 37	8 11				⊻			✱		
8	9 35	0 55	17 38	10 0	28 18	23 52	9 45	✱	☌	✱		□		∠		✱
9	9 37	0 58	17 34	10 7	29 0	25 8	11 19	∠		∠	☌		⚼	⊻	✱	∠
10	9 40	1 1	17 30	10 14	29 ♏ 42	26 23	12 53		⊻	⊻			△		∠	⊻
11	9 42	1 3	17 26	10 21	0 ♐ 24	27 38	14 26	⊻	∠			△			⊻	
12	9 44	1 6	17 22	10 28	1 7	28 ♐ 54	16 0		✱	☌	⊻	⚼	□	●		
13	9 46	1 9	17 18	10 36	1 49	0 ♑ 9	17 34	●			∠					☌
14	9 49	1 12	17 14	10 43	2 31	1 24	19 9				✱			⊻	☌	
15	9 51	1 14	17 9	10 51	3 13	2 40	20 43		□	⊻		☍	✱	∠		
16	9 53	1 17	17 5	10 59	3 56	3 55	22 17	⊻		∠	□		∠			⊻
17	9 55	1 20	17 1	11 7	4 38	5 11	23 52	∠	△	✱			⊻	✱	⊻	∠
18	9 58	1 22	16 56	11 15	5 21	6 26	25 26		⚼						∠	
19	10 0	1 25	16 52	11 23	6 3	7 41	27 1	✱			△	⚼		□		✱
20	10 2	1 27	16 47	11 32	6 46	8 57	28 ♐ 36			□	⚼	△	☌		✱	
21	10 4	1 30	16 43	11 40	7 28	10 12	0 ♑ 11	□								□
22	10 6	1 32	16 38	11 49	8 11	11 27	1 46		☍	△			⊻	△	□	
23	10 8	1 34	16 33	11 58	8 53	12 43	3 22			⚼		□		⚼		
24	10 11	1 37	16 29	12 7	9 36	13 58	4 57	△			☍		∠			△
25	10 13	1 39	16 24	12 16	10 19	15 13	6 33	⚼				✱	✱		△	⚼
26	10 15	1 41	16 19	12 25	11 2	16 29	8 9		⚼			∠			⚼	
27	10 17	1 43	16 14	12 35	11 44	17 44	9 46		△	☍	⚼	⊻	□	☍		
28	10 19	1 46	16 10	12 44	12 27	18 59	11 22				△					
29	10 21	1 48	16 5	12 54	13 10	20 15	12 59	☍	□			☌	△			☍
30	10 23	1 50	16 0	13 4	13 53	21 30	14 36			⚼	□		⚼	⚼	☍	
31	10 ♐ 25	1 ♏ 52	15 ♋ 55	13 ♓ 14	14 ♐ 36	22 ♑ 45	16 ♑ 14		✱	△		⊻		△		

LAST QUARTER—December 6, 10*h.* 10*m. a.m.*

DAILY MOTIONS OF THE PLANETS, 1974.

JANUARY

D	☉ °	☉ ′	☉ ″	☽ °	☽ ′	☽ ″	♂ ′	♀ °	♀ ′	☿ °	☿ ′	☽Dec. °	☽Dec. ′
1	1	1	10	13	2	53	22	0	3	1	35	4	48
2	1	1	9	13	27	27	23	0	0	1	36	4	19
3	1	1	9	13	54	0	22	0	2	1	35	3	34
4	1	1	8	14	20	36	23	0	4	1	37	2	25
5	1	1	8	14	44	46	24	0	7	1	36	0	56
6	1	1	9	15	3	38	23	0	9	1	37	0	47
7	1	1	8	15	14	27	24	0	12	1	38	2	29
8	1	1	7	15	15	25	25	0	15	1	37	3	56
9	1	1	7	15	6	11	24	0	17	1	39	4	59
10	1	1	8	14	47	59	25	0	19	1	38	5	34
11	1	1	7	14	23	20	25	0	22	1	40	5	44
12	1	1	7	13	55	20	26	0	23	1	39	5	34
13	1	1	6	13	26	54	26	0	26	1	40	5	8
14	1	1	7	13	0	24	26	0	28	1	41	4	31
15	1	1	7	12	37	24	26	0	30	1	41	3	43
16	1	1	6	12	18	43	26	0	32	1	41	2	48
17	1	1	6	12	4	35	27	0	33	1	42	1	46
18	1	1	6	11	54	52	27	0	34	1	43	0	43
19	1	1	6	11	49	8	28	0	35	1	42	0	23
20	1	1	5	11	46	48	27	0	36	1	43	1	25
21	1	1	4	11	47	19	28	0	37	1	43	2	23
22	1	1	3	11	50	8	28	0	37	1	43	3	12
23	1	1	3	11	54	49	28	0	36	1	44	3	53
24	1	1	2	12	1	9	29	0	37	1	43	4	24
25	1	1	1	12	8	59	28	0	37	1	43	4	45
26	1	1	0	12	18	33	29	0	35	1	43	4	57
27	1	0	59	12	30	2	29	0	35	1	42	4	56
28	1	0	58	12	43	50	30	0	33	1	41	4	47
29	1	0	56	13	0	12	29	0	32	1	41	4	22
30	1	0	55	13	19	15	30	0	31	1	39	3	43
31	1	0	54	13	40	39	29	0	29	1	37	2	45

FEBRUARY

D	☉ °	☉ ′	☉ ″	☽ °	☽ ′	☽ ″	♂ ′	♀ °	♀ ′	☿ °	☿ ′	☽Dec. °	☽Dec. ′
1	1	0	53	14	3	31	30	0	27	1	35	1	30
2	1	0	52	14	26	15	30	0	25	1	32	0	2
3	1	0	50	14	46	31	31	0	22	1	29	1	39
4	1	0	48	15	1	33	30	0	21	1	25	3	13
5	1	0	48	15	8	41	31	0	18	1	20	4	29
6	1	0	45	15	6	8	31	0	16	1	16	5	21
7	1	0	45	14	53	37	30	0	13	1	9	5	48
8	1	0	44	14	32	35	31	0	11	1	3	5	49
9	1	0	42	14	5	47	32	0	8	0	55	5	29
10	1	0	42	13	36	25	31	0	6	0	47	4	54
11	1	0	40	13	7	37	31	0	3	0	38	4	7
12	1	0	39	12	41	39	32	0	1	0	29	3	9
13	1	0	38	12	20	7	31	0	2	0	19	2	8
14	1	0	37	12	3	49	32	0	4	0	9	1	2
15	1	0	36	11	52	53	32	0	6	0	2	0	4
16	1	0	34	11	47	9	32	0	9	0	12	1	8
17	1	0	33	11	46	6	32	0	11	0	23	2	5
18	1	0	32	11	48	58	33	0	13	0	32	2	58
19	1	0	31	11	54	59	32	0	15	0	40	3	41
20	1	0	28	12	3	14	33	0	17	0	49	4	16
21	1	0	28	12	12	57	32	0	20	0	55	4	40
22	1	0	25	12	23	26	33	0	21	0	59	4	55
23	1	0	24	12	34	19	33	0	22	1	4	4	59
24	1	0	22	12	45	22	33	0	25	1	4	4	49
25	1	0	20	12	56	49	32	0	27	1	6	4	28
26	1	0	18	13	8	57	34	0	27	1	3	3	50
27	1	0	16	13	22	12	33	0	30	1	1	2	58
28	1	0	15	13	36	51	33	0	31	0	56	1	48

MARCH

D	☉ °	☉ ′	☉ ″	☽ °	☽ ′	☽ ″	♂ ′	♀ °	♀ ′	☿ °	☿ ′	☽Dec. °	☽Dec. ′
1	1	0	12	13	52	46	33	0	32	0	52	0	26
2	1	0	10	14	9	19	34	0	34	0	46	1	3
3	1	0	8	14	25	10	33	0	36	0	40	2	32
4	1	0	6	14	38	17	34	0	36	0	33	3	51
5	1	0	4	14	46	27	33	0	38	0	26	4	52
6	1	0	1	14	47	30	34	0	39	0	20	5	31
7	1	0	0	14	40	22	34	0	40	0	12	5	47
8	0	59	58	14	25	10	34	0	42	0	6	5	40
9	0	59	56	14	3	30	34	0	42	0	0	5	14
10	0	59	54	13	37	52	34	0	43	0	7	4	31
11	0	59	53	13	11	7	34	0	45	0	12	3	36
12	0	59	51	12	45	48	34	0	45	0	18	2	33
13	0	59	49	12	23	53	34	0	47	0	23	1	26
14	0	59	47	12	6	40	34	0	47	0	28	0	17
15	0	59	46	11	54	52	35	0	48	0	33	0	47
16	0	59	44	11	48	39	34	0	48	0	36	1	48
17	0	59	42	11	47	48	34	0	50	0	41	2	41
18	0	59	41	11	51	52	35	0	50	0	45	3	26
19	0	59	39	12	0	2	34	0	51	0	48	4	3
20	0	59	37	12	11	22	35	0	52	0	52	4	32
21	0	59	34	12	24	46	35	0	53	0	54	4	50
22	0	59	33	12	39	2	34	0	52	0	58	4	59
23	0	59	31	12	53	10	35	0	54	1	0	4	55
24	0	59	29	13	6	21	35	0	54	1	3	4	36
25	0	59	27	13	18	8	35	0	55	1	5	4	3
26	0	59	25	13	28	34	34	0	55	1	8	3	11
27	0	59	22	13	37	53	35	0	56	1	10	2	4
28	0	59	20	13	46	37	35	0	56	1	12	0	45
29	0	59	18	13	55	8	35	0	57	1	14	0	43
30	0	59	16	14	3	31	35	0	57	1	16	2	7
31	0	59	13	14	11	20	35	0	58	1	19	3	23

APRIL

D	☉ °	☉ ′	☉ ″	☽ °	☽ ′	☽ ″	♂ ′	♀ °	♀ ′	☿ °	☿ ′	☽Dec. °	☽Dec. ′
1	0	59	11	14	17	39	36	0	58	1	19	4	25
2	0	59	8	14	21	9	35	0	58	1	22	5	8
3	0	59	6	14	20	28	35	0	59	1	24	5	31
4	0	59	4	14	14	31	35	1	0	1	25	5	35
5	0	59	1	14	3	1	35	0	59	1	27	5	19
6	0	59	0	13	46	33	36	1	0	1	28	4	47
7	0	58	58	13	26	31	35	1	1	1	31	3	58
8	0	58	56	13	4	48	36	1	1	1	31	2	58
9	0	58	54	12	43	22	35	1	1	1	34	1	52
10	0	58	52	12	24	2	35	1	1	1	35	0	41
11	0	58	50	12	8	14	36	1	2	1	36	0	26
12	0	58	49	11	56	55	35	1	2	1	38	1	29
13	0	58	47	11	50	44	36	1	2	1	40	2	24
14	0	58	45	11	49	50	35	1	2	1	41	3	11
15	0	58	43	11	54	10	36	1	3	1	43	3	49
16	0	58	42	12	3	18	36	1	3	1	45	4	20
17	0	58	40	12	16	32	35	1	4	1	46	4	41
18	0	58	38	12	32	50	36	1	3	1	47	4	55
19	0	58	37	12	50	54	35	1	4	1	50	4	56
20	0	58	34	13	9	21	36	1	4	1	51	4	44
21	0	58	33	13	26	42	36	1	4	1	52	4	16
22	0	58	31	13	41	47	36	1	5	1	54	3	30
23	0	58	29	13	53	46	36	1	4	1	56	2	26
24	0	58	27	14	2	24	35	1	5	1	57	1	6
25	0	58	25	14	7	52	36	1	5	1	59	0	23
26	0	58	23	14	10	37	36	1	6	2	1	1	50
27	0	58	21	14	11	14	36	1	5	2	2	3	8
28	0	58	19	14	10	7	36	1	6	2	4	4	9
29	0	58	16	14	7	21	36	1	5	2	4	4	53
30	0	58	14	14	2	51	36	1	6	2	7	5	19

MAY

D	☉	☽	♂	♀	☿	☽Dec.
	° ′ ″	° ′ ″	′	° ′	° ′	° ′
1	0 58 13	13 56 12	36	1 6	2 7	5 26
2	0 58 10	13 47 10	36	1 6	2 8	5 16
3	0 58 8	13 35 36	36	1 7	2 9	4 50
4	0 58 7	13 21 41	36	1 6	2 10	4 10
5	0 58 5	13 6 2	36	1 7	2 10	3 17
6	0 58 3	12 49 32	36	1 7	2 10	2 13
7	0 58 2	12 33 13	36	1 7	2 10	1 5
8	0 58 0	12 18 17	36	1 7	2 10	0 4
9	0 57 59	12 5 44	37	1 7	2 9	1 10
10	0 57 58	11 56 32	36	1 7	2 8	2 7
11	0 57 56	11 51 22	36	1 8	2 6	2 57
12	0 57 55	11 50 44	36	1 7	2 5	3 36
13	0 57 53	11 54 58	36	1 8	2 4	4 9
14	0 57 52	12 4 2	37	1 8	2 1	4 31
15	0 57 51	12 17 41	36	1 8	1 59	4 46
16	0 57 50	12 35 18	36	1 8	1 56	4 52
17	0 57 49	12 55 53	36	1 8	1 54	4 47
18	0 57 47	13 18 4	37	1 8	1 52	4 26
19	0 57 46	13 40 10	36	1 8	1 48	3 50
20	0 57 45	14 0 20	36	1 9	1 46	2 52
21	0 57 44	14 16 51	37	1 8	1 42	1 36
22	0 57 42	14 28 22	36	1 9	1 39	0 6
23	0 57 41	14 34 13	37	1 9	1 37	1 28
24	0 57 40	14 34 23	36	1 8	1 33	2 52
25	0 57 38	14 29 32	36	1 9	1 30	4 1
26	0 57 36	14 20 39	37	1 9	1 26	4 49
27	0 57 35	14 8 55	36	1 9	1 24	5 16
28	0 57 34	13 55 26	37	1 9	1 20	5 24
29	0 57 32	13 41 2	36	1 9	1 17	5 15
30	0 57 31	13 26 21	37	1 10	1 13	4 53
31	0 57 29	13 11 47	36	1 9	1 10	4 17

JUNE

D	☉	☽	♂	♀	☿	☽Dec.
	° ′ ″	° ′ ″	′	° ′	° ′	° ′
1	0 57 28	12 57 33	37	1 9	1 6	3 28
2	0 57 28	12 43 52	36	1 10	1 3	2 29
3	0 57 26	12 30 57	37	1 9	0 59	1 24
4	0 57 25	12 19 6	37	1 10	0 55	0 16
5	0 57 24	12 8 39	36	1 9	0 52	0 50
6	0 57 24	12 0 6	37	1 10	0 47	1 51
7	0 57 22	11 53 55	36	1 10	0 44	2 43
8	0 57 22	11 50 41	37	1 10	0 39	3 25
9	0 57 22	11 50 54	37	1 10	0 36	3 59
10	0 57 21	11 55 2	36	1 10	0 31	4 23
11	0 57 20	12 3 24	37	1 10	0 27	4 38
12	0 57 20	12 16 11	37	1 10	0 22	4 46
13	0 57 19	12 33 18	36	1 10	0 18	4 44
14	0 57 19	12 54 15	37	1 10	0 13	4 30
15	0 57 19	13 18 8	37	1 10	0 9	4 3
16	0 57 18	13 43 29	37	1 11	0 4	3 15
17	0 57 18	14 8 24	37	1 10	0 0	2 10
18	0 57 18	14 30 27	36	1 11	0 5	0 44
19	0 57 17	14 47 21	37	1 10	0 9	0 51
20	0 57 17	14 57 4	37	1 11	0 13	2 26
21	0 57 16	14 58 32	37	1 10	0 17	3 45
22	0 57 16	14 51 50	37	1 11	0 22	4 45
23	0 57 15	14 38 10	37	1 11	0 24	5 19
24	0 57 14	14 19 32	37	1 10	0 28	5 31
25	0 57 14	13 58 12	37	1 11	0 31	5 24
26	0 57 13	13 36 15	37	1 11	0 32	5 2
27	0 57 13	13 15 16	37	1 11	0 35	4 26
28	0 57 12	12 56 18	37	1 11	0 35	3 38
29	0 57 12	12 39 50	37	1 11	0 36	2 43
30	0 57 11	12 26 4	37	1 11	0 36	1 40

JULY

D	☉	☽	♂	♀	☿	☽Dec.
	° ′ ″	° ′ ″	′	° ′	° ′	° ′
1	0 57 12	12 14 48	37	1 11	0 35	0 34
2	0 57 11	12 5 53	37	1 11	0 34	0 33
3	0 57 11	11 59 3	37	1 11	0 32	1 34
4	0 57 11	11 54 12	37	1 12	0 30	2 29
5	0 57 11	11 51 17	37	1 11	0 26	3 14
6	0 57 11	11 50 30	37	1 11	0 23	3 49
7	0 57 11	11 52 6	37	1 12	0 20	4 16
8	0 57 11	11 56 27	37	1 11	0 15	4 33
9	0 57 12	12 4 4	38	1 11	0 10	4 41
10	0 57 13	12 15 17	37	1 12	0 5	4 41
11	0 57 12	12 30 28	37	1 12	0 1	4 30
12	0 57 14	12 49 40	37	1 11	0 5	4 8
13	0 57 14	13 12 34	38	1 12	0 10	3 30
14	0 57 15	13 38 16	37	1 12	0 16	2 34
15	0 57 14	14 5 16	37	1 12	0 21	1 22
16	0 57 16	14 31 11	37	1 12	0 26	0 8
17	0 57 17	14 53 12	38	1 11	0 32	1 44
18	0 57 17	15 8 18	37	1 12	0 38	3 13
19	0 57 17	15 14 5	38	1 12	0 43	4 27
20	0 57 18	15 9 29	37	1 12	0 48	5 15
21	0 57 18	14 55 11	37	1 12	0 53	5 39
22	0 57 18	14 33 23	38	1 12	0 59	5 38
23	0 57 18	14 7 10	37	1 13	1 4	5 19
24	0 57 19	13 39 37	38	1 12	1 9	4 43
25	0 57 20	13 13 19	37	1 12	1 15	3 55
26	0 57 20	12 49 59	38	1 12	1 18	2 59
27	0 57 20	12 30 36	37	1 13	1 24	1 57
28	0 57 21	12 15 26	38	1 12	1 28	0 50
29	0 57 21	12 4 19	38	1 12	1 33	0 16
30	0 57 22	11 56 52	37	1 13	1 37	1 17
31	0 57 23	11 52 28	38	1 12	1 41	2 14

AUGUST

D	☉	☽	♂	♀	☿	☽Dec.
	° ′ ″	° ′ ″	′	° ′	° ′	° ′
1	0 57 23	11 50 36	37	1 13	1 45	3 1
2	0 57 25	11 50 48	38	1 12	1 48	3 40
3	0 57 25	11 52 43	38	1 13	1 51	4 9
4	0 57 26	11 56 15	38	1 13	1 54	4 28
5	0 57 27	12 1 31	37	1 13	1 56	4 39
6	0 57 28	12 8 50	38	1 12	1 58	4 39
7	0 57 30	12 18 35	38	1 13	2 0	4 30
8	0 57 31	12 31 21	38	1 13	2 1	4 11
9	0 57 32	12 47 29	37	1 13	2 2	3 37
10	0 57 34	13 7 10	38	1 13	2 3	2 49
11	0 57 36	13 30 10	38	1 13	2 3	1 47
12	0 57 36	13 55 32	38	1 13	2 4	0 27
13	0 57 39	14 21 29	38	1 13	2 3	1 0
14	0 57 39	14 45 25	38	1 13	2 2	2 31
15	0 57 41	15 4 9	38	1 13	2 2	3 51
16	0 57 43	15 14 28	38	1 14	2 1	4 55
17	0 57 44	15 14 16	38	1 13	2 0	5 33
18	0 57 45	15 3 7	38	1 13	1 59	5 46
19	0 57 46	14 42 36	38	1 14	1 58	5 36
20	0 57 47	14 15 47	39	1 13	1 57	5 5
21	0 57 49	13 46 12	38	1 13	1 56	4 19
22	0 57 50	13 17 3	38	1 14	1 54	3 22
23	0 57 51	12 50 47	38	1 13	1 53	2 17
24	0 57 52	12 28 50	38	1 14	1 52	1 10
25	0 57 53	12 11 55	39	1 14	1 50	0 2
26	0 57 55	12 0 3	38	1 13	1 49	1 1
27	0 57 56	11 52 54	38	1 14	1 48	1 58
28	0 57 57	11 49 51	39	1 14	1 46	2 47
29	0 57 59	11 50 10	38	1 13	1 45	3 29
30	0 58 0	11 53 4	38	1 14	1 44	4 0
31	0 58 2	11 57 53	39	1 14	1 43	4 23

SEPTEMBER

D	☉ °	′	″	☽ °	′	″	♂ ′	♀ °	′	☿ °	′	☽Dec. °	′
1	0	58	3	12	4	2	38	1	14	1	41	4	36
2	0	58	5	12	11	12	39	1	14	1	40	4	39
3	0	58	7	12	19	21	38	1	14	1	39	4	32
4	0	58	9	12	28	41	39	1	14	1	37	4	14
5	0	58	11	12	39	35	38	1	14	1	37	3	44
6	0	58	12	12	52	34	39	1	14	1	35	2	59
7	0	58	15	13	8	6	39	1	14	1	34	2	1
8	0	58	17	13	26	17	38	1	14	1	33	0	50
9	0	58	19	13	46	48	39	1	14	1	32	0	30
10	0	58	21	14	8	35	39	1	14	1	30	1	54
11	0	58	23	14	29	44	38	1	14	1	30	3	14
12	0	58	25	14	47	39	39	1	15	1	28	4	21
13	0	58	27	14	59	24	39	1	14	1	27	5	11
14	0	58	29	15	2	31	39	1	14	1	26	5	37
15	0	58	31	14	55	49	39	1	15	1	25	5	41
16	0	58	33	14	39	46	39	1	14	1	23	5	22
17	0	58	35	14	16	31	39	1	15	1	22	4	43
18	0	58	36	13	49	8	39	1	14	1	21	3	49
19	0	58	38	13	20	48	39	1	14	1	20	2	44
20	0	58	40	12	54	15	39	1	15	1	18	1	34
21	0	58	42	12	31	20	39	1	15	1	17	0	24
22	0	58	43	12	13	15	39	1	14	1	15	0	43
23	0	58	45	12	0	26	39	1	15	1	14	1	42
24	0	58	47	11	52	52	39	1	14	1	12	2	33
25	0	58	48	11	50	12	40	1	15	1	10	3	15
26	0	58	50	11	51	47	39	1	15	1	9	3	50
27	0	58	52	11	56	50	39	1	14	1	6	4	15
28	0	58	54	12	4	27	39	1	15	1	4	4	31
29	0	58	56	12	13	48	40	1	15	1	2	4	39
30	0	58	57	12	24	8	39	1	15	1	0	4	35

OCTOBER

D	☉ °	′	″	☽ °	′	″	♂ ′	♀ °	′	☿ °	′	☽Dec. °	′
1	0	59	0	12	34	49	40	1	14	0	57	4	20
2	0	59	2	12	45	36	39	1	15	0	54	3	52
3	0	59	4	12	56	29	40	1	15	0	50	3	11
4	0	59	6	13	7	42	39	1	15	0	48	2	14
5	0	59	9	13	19	37	40	1	15	0	43	1	5
6	0	59	11	13	32	31	39	1	15	0	40	0	11
7	0	59	13	13	46	28	40	1	15	0	35	1	31
8	0	59	15	14	1	2	40	1	14	0	30	2	47
9	0	59	18	14	15	10	39	1	15	0	25	3	53
10	0	59	20	14	27	20	40	1	15	0	19	4	45
11	0	59	22	14	35	36	40	1	15	0	13	5	18
12	0	59	25	14	38	8	40	1	15	0	5	5	31
13	0	59	27	14	33	42	39	1	16	0	1	5	24
14	0	59	29	14	22	7	40	1	15	0	9	4	57
15	0	59	31	14	4	22	40	1	15	0	17	4	11
16	0	59	33	13	42	21	40	1	15	0	26	3	12
17	0	59	35	13	18	23	40	1	15	0	34	2	2
18	0	59	37	12	54	45	40	1	15	0	43	0	49
19	0	59	38	12	33	24	40	1	15	0	51	0	20
20	0	59	41	12	15	42	41	1	15	0	59	1	24
21	0	59	42	12	2	37	40	1	15	1	6	2	18
22	0	59	43	11	54	30	40	1	16	1	11	3	3
23	0	59	46	11	51	30	40	1	15	1	14	3	39
24	0	59	47	11	53	20	40	1	15	1	16	4	6
25	0	59	49	11	59	31	41	1	15	1	15	4	24
26	0	59	50	12	9	18	40	1	15	1	12	4	35
27	0	59	52	12	21	50	40	1	15	1	7	4	35
28	0	59	54	12	36	5	41	1	16	1	0	4	26
29	0	59	56	12	51	3	40	1	15	0	51	4	3
30	0	59	58	13	5	45	41	1	15	0	40	3	25
31	1	0	0	13	19	28	40	1	15	0	29	2	32

NOVEMBER

D	☉ °	′	″	☽ °	′	″	♂ ′	♀ °	′	☿ °	′	☽Dec. °	′
1	1	0	2	13	31	44	41	1	16	0	18	1	24
2	1	0	4	13	42	23	40	1	15	0	6	0	7
3	1	0	5	13	51	27	41	1	15	0	5	1	15
4	1	0	8	13	59	4	41	1	15	0	16	2	31
5	1	0	10	14	5	19	40	1	16	0	26	3	38
6	1	0	12	14	10	3	41	1	15	0	35	4	28
7	1	0	14	14	12	57	41	1	15	0	43	5	2
8	1	0	16	14	13	22	41	1	16	0	51	5	19
9	1	0	19	14	10	41	41	1	15	0	57	5	17
10	1	0	20	14	4	26	41	1	15	1	4	4	59
11	1	0	22	13	54	22	41	1	16	1	8	4	22
12	1	0	23	13	40	47	41	1	15	1	12	3	31
13	1	0	26	13	24	27	41	1	15	1	16	2	28
14	1	0	27	13	6	27	41	1	16	1	20	1	16
15	1	0	29	12	48	5	41	1	15	1	21	0	5
16	1	0	30	12	30	43	41	1	15	1	25	1	3
17	1	0	31	12	15	32	41	1	16	1	25	2	2
18	1	0	33	12	3	34	42	1	15	1	28	2	50
19	1	0	34	11	55	34	41	1	16	1	29	3	28
20	1	0	35	11	52	2	41	1	15	1	30	3	57
21	1	0	37	11	53	17	42	1	15	1	30	4	17
22	1	0	38	11	59	16	41	1	16	1	32	4	29
23	1	0	38	12	9	47	41	1	15	1	32	4	33
24	1	0	40	12	24	16	42	1	15	1	32	4	28
25	1	0	41	12	41	53	41	1	16	1	33	4	10
26	1	0	42	13	1	33	42	1	15	1	33	3	41
27	1	0	44	13	21	49	42	1	15	1	33	2	54
28	1	0	44	13	41	12	41	1	16	1	33	1	51
29	1	0	46	13	58	10	42	1	15	1	34	0	33
30	1	0	48	14	11	27	42	1	15	1	34	0	52

DECEMBER

D	☉ °	′	″	☽ °	′	″	♂ ′	♀ °	′	☿ °	′	☽Dec. °	′
1	1	0	48	14	20	12	42	1	16	1	33	2	14
2	1	0	50	14	24	7	41	1	15	1	34	3	27
3	1	0	51	14	23	28	42	1	16	1	34	4	21
4	1	0	53	14	18	53	42	1	15	1	33	4	58
5	1	0	53	14	11	18	42	1	15	1	34	5	16
6	1	0	55	14	1	36	42	1	16	1	34	5	15
7	1	0	57	13	50	33	42	1	15	1	34	4	59
8	1	0	58	13	38	41	42	1	16	1	34	4	27
9	1	0	59	13	26	16	42	1	15	1	34	3	42
10	1	1	0	13	13	30	42	1	15	1	33	2	44
11	1	1	1	13	0	27	43	1	16	1	34	1	39
12	1	1	2	12	47	20	42	1	15	1	34	0	28
13	1	1	2	12	34	23	42	1	15	1	35	0	40
14	1	1	4	12	22	3	42	1	16	1	34	1	43
15	1	1	4	12	10	55	43	1	15	1	34	2	35
16	1	1	4	12	1	38	42	1	16	1	35	3	17
17	1	1	5	11	54	56	43	1	15	1	34	3	49
18	1	1	5	11	51	30	42	1	15	1	35	4	11
19	1	1	6	11	52	0	43	1	16	1	35	4	23
20	1	1	6	11	56	51	42	1	15	1	35	4	29
21	1	1	6	12	6	24	43	1	15	1	35	4	26
22	1	1	6	12	20	43	42	1	16	1	36	4	14
23	1	1	7	12	39	28	43	1	15	1	35	3	50
24	1	1	7	13	1	57	43	1	15	1	36	3	13
25	1	1	7	13	26	53	43	1	16	1	36	2	19
26	1	1	7	13	52	29	42	1	15	1	37	1	8
27	1	1	7	14	16	21	43	1	15	1	36	0	14
28	1	1	7	14	36	0	43	1	16	1	37	1	44
29	1	1	8	14	49	5	43	1	15	1	37	3	5
30	1	1	8	14	54	4	43	1	15	1	38	4	12
31	1	1	8	14	50	42	43	1	15	1	37	5	5

PHENOMENA, 1974

JANUARY

D.	M.	
4	9.31 A.M.	⊕ in Perihelion.
6	1.21 P.M.	☽ Max. Dec. 23°N.52′.
8	0.0 A.M.	♄ in Perihelion.
8	11.25 A.M.	☽ in Perigee.
9	8.24 A.M.	☿ ☌ Sup. ⊙.
12	1.37 P.M.	☽ on Equator.
19	3.35 P.M.	☽ Max. Dec. 23°S.51′.
21	9.38 P.M.	☽ in Apogee.
23	9.21 P.M.	♀ ☌ Inf. ⊙.
27	4.38 A.M.	☽ on Equator.
28	2.4 P.M.	♀ in Perihelion.

FEBRUARY

D.	M.	
2	11.42 P.M.	☽ Max. Dec. 23°N.46′.
5	11.55 P.M.	☽ in Perigee.
6	10.11 A.M.	☿ in ☊.
9	0.32 A.M.	☽ on Equator.
9	8.0 A.M.	☿ Gt. Elong. 18°E.
11	1.37 A.M.	☿ in Perihelion.
15	10.31 P.M.	☽ Max. Dec. 23°S.41′.
18	7.45 A.M.	☽ in Apogee.
23	11.1 A.M.	☽ on Equator.
24	8.22 P.M.	☿ ☌ Inf. ⊙.
27	0.0 P.M.	♀ Gt. Brilliance.

MARCH

D.	M.	
2	7.11 A.M.	☽ Max. Dec. 23°N.32′.
6	6.13 A.M.	☽ in Perigee.
8	11.38 A.M.	☽ on Equator.
15	6.18 A.M.	☽ Max. Dec. 23°S.25′.
16	5.48 P.M.	☿ in ☋.
18	1.46 A.M.	☽ in Apogee.
21	0.7 A.M.	⊙ enters ♈, *Equinox*.
22	6.7 P.M.	☽ on Equator.
23	8.0 P.M.	☿ Gt. Elong. 28°W.
27	1.16 A.M.	☿ in Aphelion.
29	0.28 P.M.	☽ Max. Dec. 23°N.17′.

APRIL

D.	M.	
2	4.6 P.M.	☽ in Perigee.
4	4.0 A.M.	♀ Gt. Elong. 46°W.
4	8.35 P.M.	☽ on Equator.
11	2.29 P.M.	☽ Max. Dec. 23°S.11′.
14	9.43 P.M.	☽ in Apogee.
16	8.58 A.M.	♀ in ☋.
19	1.55 A.M.	☽ on Equator.
25	5.57 P.M.	☽ Max. Dec. 23°N.6′.
27	3.53 P.M.	☽ in Perigee.

MAY

D.	M.	
2	2.49 A.M.	☽ on Equator.
4	4.56 P.M.	☿ ☌ Sup. ⊙.
5	9.27 A.M.	☿ in ☊.
8	10.25 P.M.	☽ Max. Dec. 23°S.3′.
10	0.53 A.M.	☿ in Perihelion.
12	4.53 P.M.	☽ in Apogee.
16	11.1 A.M.	☽ on Equator.
22	5.39 P.M.	♀ in Aphelion.
23	1.33 A.M.	☽ Max. Dec. 23°N.2′.
24	1.22 P.M.	☽ in Perigee.
29	7.48 A.M.	☽ on Equator.

JUNE

D.	M.	
4	7.0 A.M.	☿ Gt. Elong. 24°E.
4	10.11 P.M.	☽ Partial Eclipse.
5	5.36 A.M.	☽ Max. Dec. 23°S.2′.
9	9.36 A.M.	☽ in Apogee.
12	5.2 P.M.	☿ in ☋.
12	5.54 P.M.	☽ on Equator.
19	11.23 A.M.	☽ Max. Dec. 23°N.2′.
20	4.56 A.M.	⊙ Total Eclipse.
21	1.50 P.M.	☽ in Perigee.
21	6.38 P.M.	⊙ Enters ♋, *Solstice*.
23	0.30 A.M.	☿ in Aphelion.
25	1.51 P.M.	☽ on Equator.
30	8.7 P.M.	☿ ☌ Inf. ⊙.

JULY

D.	M.	
2	0.4 P.M.	☽ Max. Dec. 23°S.2′.
5	0.42 A.M.	♂ in Aphelion.
5	1.43 A.M.	⊕ in Aphelion.
6	9.20 P.M.	☽ in Apogee.
10	1.12 A.M.	☽ on Equator.
16	10.7 P.M.	☽ Max. Dec. 23°N.0′.
19	9.37 P.M.	☽ in Perigee.
22	9.0 A.M.	☿ Gt. Elong. 20°W.
22	10.17 P.M.	☽ on Equator.
29	6.16 P.M.	☽ Max. Dec. 22°S.57′.

AUGUST

D.	M.	
1	8.42 A.M.	☿ in ☊.
3	1.24 A.M.	☽ in Apogee.
6	0.8 A.M.	☿ in Perihelion.
6	7.50 A.M.	☽ on Equator.
7	0.23 P.M.	♀ in ☊.
13	7.52 A.M.	☽ Max. Dec. 22°N.51′.
17	7.22 A.M.	☽ in Perigee.
17	10.8 A.M.	☿ ☌ Sup. ⊙.
19	8.44 A.M.	☽ on Equator.
26	0.51 A.M.	☽ Max. Dec. 22°S.45′.
30	5.20 A.M.	☽ in Apogee.

SEPTEMBER

D.	M.	
2	2.7 P.M.	☽ on Equator.
8	4.17 P.M.	☿ in ☋.
9	3.16 P.M.	☽ Max. Dec. 22°N.36′.
10	4.0 A.M.	♀ in Perihelion.
14	3.30 P.M.	☽ in Perigee.
15	7.33 P.M.	☽ on Equator.
18	11.46 P.M.	☿ in Aphelion.
22	8.20 A.M.	☽ Max. Dec. 22°S.30′.
23	9.59 A.M.	⊙ Enters ♎, *Equinox*.
26	5.21 P.M.	☽ in Apogee.
29	8.39 P.M.	☽ on Equator.

OCTOBER

D.	M.	
1	10.0 A.M.	☿ Gt. Elong. 26°E.
6	8.36 P.M.	☽ Max. Dec. 22°N.21′.
12	3.44 P.M.	☽ in Perigee.
13	4.48 A.M.	☽ on Equator.
19	4.43 P.M.	☽ Max. Dec. 22°S.17′.
24	11.10 A.M.	☽ in Apogee.
25	1.29 P.M.	☿ ☌ Inf. ⊙.
27	3.53 A.M.	☽ on Equator.
28	7.57 A.M.	☿ in ☊.

NOVEMBER

D.	M.	
1	11.23 A.M.	☿ in Perihelion.
3	1.55 A.M.	☽ Max. Dec. 22°N.13′.
6	1.6 P.M.	♀ Sup. ☌ ⊙.
8	3.40 A.M.	☽ in Perigee.
9	11.31 A.M.	☽ on Equator.
10	0.0 P.M.	☿ Gt. Elong. 19°W.
16	1.30 A.M.	☽ Max. Dec. 22°S.11′.
21	7.47 A.M.	☽ in Apogee.
23	11.55 A.M.	☽ on Equator.
27	1.47 A.M.	♀ in ☋.
29	3.10 P.M.	☽ Total Eclipse.
30	9.34 A.M.	☽ Max. Dec. 22°N.11′.

DECEMBER

D.	M.	
3	6.41 A.M.	☽ in Perigee.
5	3.33 P.M.	☿ in ☋.
6	4.47 P.M.	☽ on Equator.
12	6.57 P.M.	♂ in ☋.
13	9.44 A.M.	☽ Max. Dec. 22°S.12′.
13	4.26 P.M.	⊙ Partial Eclipse.
15	11.1 P.M.	☿ in Aphelion.
19	4.29 A.M.	☽ in Apogee.
19	8.4 P.M.	☿ ☌ Sup. ⊙.
20	8.18 P.M.	☽ on Equator.
22	5.57 A.M.	⊙ Enters ♑, *Solstice*.
27	7.58 P.M.	☽ Max. Dec. 22°N.11′.
31	0.23 A.M.	☽ in Perigee.
31	11.3 A.M.	♀ in Aphelion.

A COMPLETE ASPECTARIAN FOR 1974

Showing the approximate time when each Aspect is formed.

a.m. or *a* denotes morning; *p.m.* or *p* denotes afternoon.

NOTE:—Semi-quintile, or 36° apart, ⊥; Bi-quintile, or 144° ±; Quincunc or 150° ⚻.

☽ ☌ ● Eclipse of ☉. ☽ ☍ ☉ Eclipse of ☽. ⚈ Occultation by ☽.

JANUARY

Day	Aspect	Time	
1	☽⚺♂	2am26	g
Tu	☽□☿	8 36	B
	☽☍♇	10 23	B
	☽△♆	1pm17	G
	☽□☉	6 6	B
	☽⚹♀	6 47	G
	☽P♅	10 37	B
	☿□♇	11 5	
2	☽⚹♃	0am55	G
W	☉⚺♀	3 19	
	☽P♇	11 40	D
	☽⚼♆	4pm49	b
	☽P♂	5 30	B
	☿⚺♆	11 6	
	☽☍♅	11 59	B
3	☽P♀	4am26	G
Th	☽⚹♄	5 16	G
	♀ stat	5 51	
	☿⊥♃	6 47	
	☽☌♂	10 42	B
	☽P♃	0pm34	G
	☿Q♅	2 10	
	☽△☿	10 1	G
4	☽□♀	0am30	B
F	☽△☉	4 1	G
	☽□♃	6 58	B
	☽∠♄	7 13	b
	☽P♆	9 26	D
	☽⚼♇	6pm19	b
	♃⚼♄	6 28	
	☿⚺♀	6 59	
5	☽⚼☿	2am14	b
S	☉⊥♆	4 57	
	☽P♄	5 29	B
	☽⚼☉	7 17	b
	☽P☉	8 11	G
	☽⚺♄	8 18	g
	☽⚺♂	3pm 2	g
	☽△♇	7 13	G
	☽☍♆	9 57	B
6	☽△♀	2am22	G
Su	☽⚼♅	4 24	b
	☉⚺♃	6 59	
	☽△♃	9 32	G
	☽∠♂	4pm 1	b
	☿⊥♆	6 44	
7	☽⚼♀	2am14	b
M	☽△♅	4 30	G
	☉P♄	5 55	
	☽⚈♄	8 32	B
	☽⚼♃	9 47	b
	☿⚺♃	2pm46	
	☽⚹♂	4 30	G
	☽□♇	7 16	B
	☽P♄	8 15	B
	☽P☉	9 7	G
8	☽☍☿	11 a 44	B
Tu	☽☍☉	0pm37	B
	☽P♆	2 54	D
	♀P♂	3 23	
	☽⚼♆	9 37	b
9	☽□♅	3am50	B
W	♇ stat	4 0	
	☽⚺♄	7 32	g
	☉☌☿	8am24	
	☽P♃	0pm 3	G
	☽□♂	5 1	B
	☽⚹♇	6 30	G
	☽△♆	9 20	G
	☽P♂	9 52	B
	☽P♀	11 58	G
10	☽☍♀	0am11	B
Th	☽∠♄	7 12	b
	☽P♇	7 44	D
	☽☍♃	9 53	B
	☽∠♇	6pm27	b
	☽P♅	7 10	B
11	☽⚹♅	3am46	G
F	☽⚹♄	7 28	G
	☽⚼☉	5pm48	b
	☽△♂	6 50	G
	☽⚺♇	6 58	g
	☽⚼☿	8 35	b
	☽□♆	10 1	B
	♂⚻♇	10 52	
12	☽∠♅	4am34	b
S	☿∠♆	9 22	
	☽⚼♂	8pm53	b
	☽△☉	9 1	G
13	☽⚼♀	0am37	b
Su	☽△☿	1 20	G
	☽⚺♅	6 14	g
	☽□♄	9 39	B
	☽⚼♃	2pm17	b
	☽☌♇	10 25	D
14	☽⚹♆	1am51	G
M	☽△♀	2 12	G
	☉∠♆	7 31	
	☽P♅	10 50	B
	♀⚹♆	0pm 5	
	☽△♃	5 41	G
	☿□♅	6 12	
15	☽P♇	0am 1	D
Tu	☽P♀	4 38	G
	☽∠♆	5 17	b
	☽□☉	7 5	B
	♀□♂	10 39	
	☿P♄	11 47	
	☽☌♅	0pm30	B
	☽□☿	3 15	B
	☽△♄	3 50	G
	☽P♂	4 29	B
	☿⚻♄	7 37	
	☽P♃	8 21	G
16	☽⚺♇	5am52	g
W	☽□♀	7 55	B
	☽☍♂	9 34	B
	☽⚺♆	9 42	g
	♂⚻♆	1pm50	
	☽⚼♄	8 23	b
17	☽P♆	1am28	D
Th	☽□♃	3 37	B
	☽P☉	6 40	G
	☽∠♇	11 0	b
	☽P☿	3pm18	G
	☽⚹☉	10 6	G
	☽⚺♅	10 37	g
18	☽P♄	1am 3	B
F	☉□♅	4 18	
	♀△♇	8 31	
	☽⚹☿	10 a 58	G
	♂P♃	1pm44	
	☽⚹♀	4 27	G
	☽⚹♇	4 49	G
	☽☌♆	9 0	D
19	☽∠♅	4am42	b
S	☿±♄	5 18	
	☽∠☉	6 58	b
	☉⚻♄	2pm53	
	☽⚹♃	4 42	G
	☿☌♀	5 12	
	☽∠♀	9 21	b
	☽∠☿	10 17	b
20	☉P♆	0am28	
Su	☿△♇	3 56	
	☽⚼♂	6 35	b
	☽⚹♅	11 9	G
	☽☍♄	1pm57	B
	☽⚺☉	4 17	g
	☿P♆	8 17	
	☽∠♃	11 49	b
21	☽⚺♀	2am24	g
M	☽□♇	5 37	B
	☽P♄	6 27	B
	♀±♄	8 58	
	☽⚺☿	10 1	g
	☽⚺♆	10 2	g
	☿⚹♆	10 6	
	☉P☿	0pm34	
	☽△♂	2 23	G
22	☽P♆	6am42	D
Tu	☽⚺♃	7 0	g
	☽P☉	11 34	G
	☽P☿	2pm19	G
	☽∠♆	4 37	b
23	☽□♅	0am15	B
W	☿□♂	1 22	
	☽P♂	9 48	B
	☽☌☉	11 2	D
	☽☌♀	0pm23	G
	☽P♃	5 11	G
	☽△♇	6 30	G
	☉☌♀	9 21	
	☽⚹♆	11 3	G
24	☽□♂	5am42	B
Th	☿⚼♄	6 42	
	☽⚼♄	8 48	b
	☽☌☿	9 10	G
	☽P♀	10 12	G
	☽P♇	10 46	D
	☽☌♃	8pm48	G
25	☽⚼♇	0am37	b
F	☽P♅	1 34	B
	♂±♇	4 2	
	☉±♄	4 16	
	☽△♅	0pm34	G
	☽△♄	2 37	G
	☽⚺♀	9 31	g
26	☽⚺☉	4am33	g
S	☿P♂	9 23	
	☽□♆	10 55	B
	☽⚼♅	6pm 9	b
	☽⚹♂	7 41	G
27	☽∠♀	1am35	b
Su	☉△♇	1 38	
	♂∠♄	3 30	
	☽⚺☿	6am17	g
	☽⚺♃	9 7	g
	☽∠☉	0pm30	b
28	☽□♄	0am57	B
M	☽∠♂	1 54	b
	☽⚹♀	5 15	G
	☿☌♃	5 33	
	☿Q♆	0pm17	
	☽∠♃	2 28	b
	☽∠☿	3 39	b
	☽☍♇	4 20	B
	☽⚹☉	7 45	G
	☿⚼♇	8 43	
	☽△♆	8 54	G
29	☽P♅	6am16	B
Tu	☽⚺♂	7 28	g
	☉⚹♆	10 26	
	☿P♃	0pm11	
	☽⚹♃	7 9	G
	☽P♇	8 26	D
	☽P♀	8 41	G
30	☽⚹☿	0am 1	G
W	☽⚼♆	0 58	b
	☉P♂	2 50	
	☽P☿	6 45	G
	☽☍♅	7 37	B
	☽⚹♄	9 0	G
	☽P♃	9 21	G
	♃Q♆	10 9	
	☽□♀	11 5	B
	☽P☉	11 p 51	G
31	☽P♂	2am23	B
Th	☽□☉	7 39	B
	☽∠♄	11 59	b
	☽☌♂	4pm17	B
	☽P♆	7 17	D

FEBRUARY

Day	Aspect	Time	
1	☽⚼♇	0am49	b
F	☽□♃	2 14	B
	♅ stat	3 48	
	☿△♅	0pm48	
	☽□☿	1 5	B
	♃⚼♇	1 25	
	☽⚺♄	2 10	g
	☽△♀	2 29	G
	☽P♄	4 34	B
	☿P♀	5 59	
	☿P♇	9 53	
	☿△♄	10 14	
	☿⚺♀	10 50	
2	♀⚻♄	1am19	
S	☽△♇	4 16	G
	☽☍♆	8 37	B
	☉⚼♄	2pm32	
	☽⚼♅	2 36	b
	☽⚼♀	3 13	b
	☽△☉	3 40	G
	☽⚺♂	9 42	g
3	☽△♃	6am 5	G
Su	☿±♇	8 53	
	♀□♅	0pm38	
	☽△♅	3 28	G
	☽⚈♄	4 21	B
	☽⚼☉	6pm21	b
	☽△☿	9 26	G
	☽∠♂	11 16	b
4	☽P♄	5am45	B
M	☽□♇	5 51	B
	☽⚼♃	6 58	b
5	☽⚼☿	0am13	b
Tu	☽⚹♂	0 15	G
	☽P♆	1 19	D
	☿⊥♀	2 38	
	☽⚼♆	10 8	b
	☽P♂	11 40	B
	☽☍♀	2pm30	B
	☽□♅	3 40	B
	☽⚺♄	4 25	g
	☿P♅	6 56	
6	☽P☉	4am21	G
W	☽⚹♇	5 40	G
	☽△♆	9 56	G
	☽P♃	9 58	G
	☽∠♄	4pm 7	b
	☽P♀	4 22	G
	☽P♇	5 57	D
	☽☍☉	11 25	B
7	☽□♂	1am32	B
Th	☽∠♇	5 26	b
	☽P♅	6 31	B
	☽☍♃	7 46	B
	☽P☿	11 27	G
	☽⚹♅	3pm18	G
	☽⚹♄	3 56	G
	☿⚻♇	4 51	
8	☽⚺♇	5am29	g
F	☽☍☿	6 34	B
	☽□♆	9 57	B
	☽⚼♀	1pm 6	b
	☽∠♅	3 32	b
9	☽△♂	3am48	G
S	☿Q♂	4 31	
	☉□♂	1pm28	
	☽△♀	1 36	G
	☽⚺♅	4 24	g
	☽□♄	4 59	B
10	☽⚼♂	6am 3	b
Su	☽⚼☉	6 41	b
	☽P☿	7 14	G
	☽☌♇	7 21	D
	☿□♆	9 29	
	☽⚼♃	11 15	b
	☉Q♆	0pm 7	
	☽⚹♆	0 14	G
	☉⚼♇	3 51	
	☉P♃	7 29	
	☽P♅	8 42	B
11	☽△☉	11am6	G
M	☽P♇	11 11	D
	☽△♃	2pm13	G
	☽P♀	2 36	G
	☽∠♆	2 48	b
	♂⚼♇	3 54	
	☽P☉	4 30	G
	☽⚼☿	4 35	b
	☽□♀	5 27	B
	☽P♃	5 41	G
	☽☌♅	8 51	B
	☽△♄	9 23	G

FEB.—*contd.*

Day	Aspect	Time	
12 Tu	☿ ∠ ♀	9am19	
	☉ P ♀	0pm39	
	☽ ⊻ ♇	0 59	g
	♂ ⊥ ♄	2 19	
	☽ ⊻ ♆	6 27	g
	☽ △ ☿	9 37	G
13 W	☽ ⚼ ♄	1am11	b
	☽ P ♂	7 4	B
	♀ stat	7 36	
	☽ P ♆	10 56	D
	☉ ☌ ♃	3pm56	
	☽ ∠ ♇	5 25	b
	☽ ☍ ♂	7 42	B
	☽ □ ♃	11 33	B
14 Th	☽ □ ☉	0am 5	B
	☽ ✱ ♀	1 51	G
	☽ ⊻ ♅	5 32	g
	☽ P ♄	11 24	B
	☉ P ♇	0pm47	
	☉ ⊻ ♀	10 32	
	☽ ✱ ♇	10 47	G
15 F	☽ ☌ ♆	4am45	D
	♀ P ♃	6 34	
	☽ ∠ ♀	7 39	b
	☽ □ ☿	9 30	B
	☽ ∠ ♅	11 14	b
	☿ stat	7pm51	
16 S	☿ Q ♂	1am19	
	☽ ✱ ♃	0pm38	G
	♂ P ♆	1 53	
	☽ ⊻ ♀	2 10	g
	☽ ✱ ☉	5 32	G
	☽ ✱ ♅	5 32	G
	☉ △ ♅	5 33	
	☽ ☍ ♄	6 0	B
	☉ △ ♄	10 57	
17 Su	☽ P ♄	10am6	B
	☽ □ ♄	11 20	B
	☽ ⊻ ♆	5pm36	g
	☽ ⚼ ♂	6 8	b
	☽ ∠ ♃	7 49	b
	☽ ✱ ☿	9 38	G
18 M	☽ ∠ ☉	2am58	b
	☿ ∠ ♀	7 31	
	☽ P ♂	9 30	B
	☽ P ♆	11 50	D
19 Tu	☽ ∠ ♆	0am11	b
	☽ △ ♂	2 8	G
	☽ ⊻ ♃	2 59	g
	☽ ∠ ☿	3 2	b
	☽ ☌ ♀	4 13	G
	☽ □ ♅	6 33	B
	☉ ± ♇	9 40	
	☽ ⊻ ☉	0pm19	g
20 W	☽ △ ♇	0am10	G
	☽ ✱ ♆	6 31	G
	☽ ⊻ ☿	7 47	g
	☽ P ♀	8 7	G
	♂ □ ♃	11 20	
	☽ P ♃	0pm51	G
	☽ ⚼ ♄	1 12	b
	☽ P ♇	3 6	D
21 Th	☿ □ ♆	2am54	
	☽ P ☉	4 53	G
	☽ ⚼ ♇	6 7	b
	☽ P ♅	8 23	B
	☽ ☌ ♃	4pm20	G
	☽ □ ♂	5 6	B
	☽ ⊻ ♀	5 40	g
	☽ △ ♅	6 30	G
21	☽ △ ♄	6pm58	G
22 F	☽ ☌ ☉	5am34	D
	☉ ⊥ ♀	9 18	
	☽ P ☿	10 13	G
	☽ ☌ ☿	3pm13	G
	☽ □ ♆	5 53	B
	♀ □ ♅	10 47	
	♂ ⊽ ♅	11 34	
	☽ ⚼ ♅	11 47	b
	☽ ∠ ♀	11 48	b
23 S	☉ P ♅	0am 2	
	♀ △ ♂	1 3	
	♂ ⊻ ♄	10 4	
	♀ ⊽ ♄	2pm38	
24 Su	☽ ⊻ ♃	3am40	g
	☽ □ ♄	5 1	B
	☽ ✱ ♀	5 28	G
	☽ ✱ ♂	5 53	G
	☿ ⊽ ♇	11 37	
	♃ P ♇	2pm19	
	☽ P ☿	3 5	G
	☽ ⊻ ☉	8 16	g
	☽ ⊻ ☿	8 18	g
	☉ ☌ ☿	8 22	
	☽ ☍ ♇	9 1	B
25 M	☽ △ ♆	3am15	G
	☉ ⊽ ♇	5 33	
	☽ P ☉	7 50	G
	☽ ∠ ♃	8 31	b
	☽ ∠ ♂	11 27	b
	☽ P ♅	0pm 6	B
	☿ ⊥ ♀	9 35	
	♃ △ ♅	10 0	
	☽ ∠ ☿	10 11	b
26 Tu	☽ ∠ ☉	2am41	b
	☽ P ♃	4 5	G
	☽ P ♆	4 54	D
	☽ ⚼ ♆	7 11	b
	☽ ☍ ♅	0pm35	B
	☽ P ♀	0 49	G
	☽ ✱ ♃	0 53	G
	☽ ✱ ♄	1 7	G
	☽ □ ♀	3 27	B
	☽ ⊻ ♂	4 26	g
	☽ ✱ ☿	11 42	G
27 W	♃ △ ♄	2am10	
	☽ ✱ ☉	8 27	G
	☽ ∠ ♄	4pm26	b
	♄ stat	9 22	
28 Th	☽ P ♆	3am20	D
	☽ ⚼ ♇	7 29	b
	☉ □ ♆	1pm27	
	☽ P ♂	6 14	B
	☽ ⊻ ♄	7 15	g
	☽ □ ♃	7 59	B
	☽ △ ♀	11 31	G

MARCH

Day	Aspect	Time	
1 F	☽ ● ♂	0am45	B
	☉ P ☿	1 34	
	☽ □ ☿	1 44	B
	☽ P ♄	3 4	B
	☽ △ ♇	9 57	G
	☿ □ ♂	10 34	
	☽ ☍ ♆	3pm58	B
	☽ □ ☉	6 3	B
	☽ ⚼ ♅	8 53	b
	☿ ⊻ ♀	9 59	
2 S	☽ ⚼ ♀	2am44	b
	☿ ± ♇	2pm36	
	☽ △ ♅	10 34	G
2	☽ ● ♄	11p 15	B
3 Su	☽ △ ♃	0am50	G
	☽ △ ☿	2 31	G
	☽ ⊻ ♂	6 36	g
	☉ ⚼ ♅	8 14	
	☽ P ♄	10 29	B
	☽ □ ♇	1pm14	B
	☽ P ♂	3 17	B
4 M	☽ △ ☉	0am55	G
	☽ ⚼ ♃	2 24	b
	☽ ⚼ ☿	2 29	b
	☿ ☌ ♃	3 45	
	☽ ∠ ♂	8 39	b
	☽ P ♆	8 55	D
	☽ ⚼ ♆	7pm58	b
5 Tu	☽ □ ♅	0am27	B
	☽ ⊻ ♄	1 14	g
	☽ ⚼ ☉	3 28	b
	☽ ☍ ♀	9 14	B
	♂ ± ♅	9 25	
	☽ ✱ ♂	10 17	G
	☽ ✱ ♇	2pm40	G
	☽ P ♀	7 3	G
	☽ △ ♆	8 29	G
6 W	☽ ∠ ♄	1am42	b
	☽ P ♇	2 5	D
	☿ P ♅	4 17	
	☽ P ♃	6 27	G
	☿ △ ♄	9 33	
	☽ ∠ ♇	2pm59	b
	☽ P ☿	4 50	G
	☽ P ♅	5 40	B
7 Th	☽ ✱ ♅	1am 8	G
	☽ ☍ ☿	1 38	B
	☽ ✱ ♄	2 3	G
	♀ ± ♄	3 56	
	♂ P ♄	4 24	
	☽ ☍ ♃	5 5	B
	☽ □ ♂	0pm55	B
	☽ P ☉	1 40	G
	☽ ⊻ ♇	3 18	g
	☽ □ ♆	9 13	B
8 F	☽ ∠ ♅	1am31	b
	♃ ± ♇	7 48	
	☽ ⚼ ☉	10 4	B
	☽ ⚼ ♀	1pm53	b
	☿ △ ♅	4 33	
9 S	☽ ⊻ ♅	2am14	g
	☽ □ ♄	3 19	B
	☽ P ☉	7 2	G
	☽ △ ♀	4pm12	G
	☽ △ ♂	4 33	G
	☽ ☌ ♇	4 52	D
	☿ stat	10 2	
	☽ ✱ ♆	11 8	G
10 Su	♂ △ ♇	0am24	
	☽ ⚼ ☿	3 27	b
	♀ △ ♇	5 13	
	☽ P ♅	6 46	B
	☽ ⚼ ♃	9 8	b
	☽ P ☿	0pm52	G
	☿ △ ♅	3 5	
	☽ P ♃	5 11	G
	☽ ⚼ ♂	7 26	b
11 M	☽ P ♇	0am 6	D
	♀ △ ♂	0 15	
	☽ ∠ ♆	1 8	b
	☽ ☌ ♅	5 37	B
	☽ △ ☿	5 46	G
	☽ P ♀	6 39	G
	☽ △ ♄	6 57	G
	☽ △ ♃	11 56	G
11	☽ ⊻ ♇	9pm15	g
	☽ ⚼ ☉	9 21	b
	☽ □ ♀	11 39	B
12 Tu	☉ ± ♅	2am 9	
	♆ stat	2 31	
	☽ ⊻ ♆	4 5	g
	☽ ⚼ ♄	10 10	b
	☽ P ♆	9pm59	D
13 W	☽ ∠ ♇	0am54	b
	☽ △ ☉	3 26	G
	☽ ⊻ ♅	0pm45	g
	☽ □ ☿	2 8	B
	☽ □ ♃	8 47	B
14 Th	☿ △ ♄	1am 9	
	☽ P ♄	1 12	B
	☽ ✱ ♇	5 36	G
	☽ ☍ ♂	10 43	B
	☽ ✱ ♀	0pm 3	G
	☽ ☌ ♆	1 2	D
	☽ ∠ ♅	5 49	b
	☽ P ♂	8 6	B
	☿ P ♃	10 37	
15 F	♀ ✱ ♆	3am33	
	☽ P ♂	0pm40	B
	☽ □ ☉	7 16	B
	☽ ∠ ♀	7 57	b
	☽ ✱ ♅	11 38	G
16 S	☽ ☍ ♄	1am43	B
	☽ ✱ ☿	3 37	G
	☽ ✱ ♃	9 26	G
	☽ P ♄	11 51	B
	♂ ☍ ♆	0pm17	
	☽ □ ♇	5 19	B
17 Su	☽ ⊻ ♆	1am11	g
	☽ ⊻ ♀	4 31	g
	☿ ± ♇	10 2	
	☉ ∠ ♀	11 7	
	☽ ∠ ☿	11 40	b
	☽ ∠ ♃	4pm30	b
	☽ P ♆	5 3	D
	☉ ⊽ ♅	9 58	
18 M	☽ ∠ ♆	7am42	b
	☽ ⚼ ♂	9 56	b
	☽ □ ♅	0pm23	B
	☽ ✱ ☉	1 45	G
	☽ ⊻ ☿	8 4	g
	☽ ⊻ ♃	11 35	g
19 Tu	☉ □ ♄	2am56	
	☽ △ ♇	6 7	G
	♀ ⚼ ♄	11 3	
	☽ ✱ ♆	2pm 2	G
	☽ P ♀	4 57	G
	☽ △ ♂	5 47	G
	☽ P ♇	7 27	D
	☽ ⚼ ♄	9 10	b
	☽ ● ♀	9 54	G
	☽ ∠ ☉	10 46	b
20 W	☽ P ☿	7am26	G
	☽ P ♃	8 28	G
	♂ □ ♅	9 16	
	☽ ⚼ ♇	0pm 5	b
	☽ P ♅	4 43	B
21 Th	☽ △ ♅	0am18	G
	☽ △ ♄	3 2	G
	☽ ⊻ ☉	7 8	g
	☉ Q ♂	11 25	
	☽ ☌ ☿	0pm10	G
	☽ ☌ ♃	0 27	G
	☿ ☌ ♃	5 19	
22 F	☽ □ ♆	1am13	B
	☽ ⚼ ♅	5 25	b
	☽ □ ♂	7 42	B
22	☿ P ♃	11a 15	
	☽ ⊻ ♀	1pm10	g
	☽ P ☉	3 0	G
	♀ P ♇	3 55	
	☽ P ☉	9 43	G
23 S	☽ □ ♄	0pm51	B
	☽ ∠ ♀	7 38	b
	☽ ☌ ☉	9 24	D
	☽ ⊻ ♃	10 41	g
24 Su	☽ ⊻ ☿	1am57	g
	☽ ☍ ♇	2 23	B
	☿ ⊽ ♇	7 19	
	☽ △ ♆	9 52	G
	☽ P ♅	5pm29	B
	☉ ⊻ ♃	6 42	
	☽ ✱ ♂	6 43	G
	☽ P ☿	9 42	G
	☽ P ♃	11 30	G
25 M	☽ ✱ ♀	1am25	G
	☽ ∠ ♃	2 51	b
	☽ ∠ ☿	7 55	b
	☽ P ♀	11 16	G
	☽ ⚼ ♆	1pm20	b
	☽ P ♇	1 46	D
	☽ ☍ ♅	5 5	B
	☽ ✱ ♄	8 17	G
	☽ ∠ ♂	11 17	b
26 Tu	☽ ✱ ♃	6am30	G
	☽ ⊻ ☉	8 44	g
	☉ ☍ ♇	0pm28	
	☽ ✱ ☿	1 26	G
	☽ ∠ ♄	11 18	b
27 W	☽ ⊻ ♂	3am22	g
	☽ P ♆	10 27	D
	☽ □ ♀	11 21	B
	☽ ⚼ ♇	11 42	b
	☽ ∠ ☉	1pm35	b
	♀ ⚼ ♇	4 23	
	☿ P ♅	7 33	
	☿ □ ♆	11 25	
28 Th	☽ ⊻ ♄	1am57	g
	☽ □ ♃	0pm35	B
	☽ P ♄	1 55	B
	☽ △ ♇	2 3	G
	☽ ✱ ☉	6 0	G
	♀ Q ♆	8 45	
	☽ ☍ ♆	9 15	B
	☽ □ ☿	11 19	B
	☽ ⚼ ♅	0am41	b
29 F	☽ ● ♂	10 22	B
	☿ ⚼ ♅	2pm20	
	☽ △ ♀	7 38	G
30 S	☽ △ ♅	2am35	G
	☽ ● ♄	6 19	B
	☽ P ♄	10 39	B
	☉ △ ♆	2pm49	
	☽ △ ♃	5 20	G
	☽ ⚼ ♇	5 51	B
	☽ ⚼ ♀	11 17	b
31 Su	☽ □ ☉	1am45	B
	☽ △ ☿	8 1	G
	☽ P ♆	1pm27	D
	☽ ⊻ ♂	4 3	g
	☽ ⚼ ♃	7 17	b
	♃ ⊽ ♇	10 21	

APRIL

Day	Aspect	Time	
1 M	☽ ⚼ ♆	2am25	b
	☽ □ ♅	5 35	B
	☽ ⊻ ♄	9 35	g
	☽ ⚼ ☿	11 59	b

APRIL—*contd.*

1	⊙⊥♃	1*pm*55	
	☽∠♂	6 28	b
	☽✱♇	8 36	G
2 Tu	☽△♆	3*am*39	G
	☽P♇	7 1	D
	☽△⊙	8 12	G
	☽∠♄	10 53	b
	☽P♀	5*pm*36	G
	♀△♅	8 36	
	☽✱♂	8 41	G
	☽∠♇	9 41	b
	☽P♃	11 52	G
3 W	☽P♅	2*am*40	B
	☽✱♅	7 46	G
	☽☍♀	8 36	B
	☽⚼⊙	11 9	b
	☽✱♄	0*pm* 3	G
	☽P☿	2 56	G
	☽P⊙	9 16	G
	☽⚺♇	10 42	g
	☽☍♃	11 57	B
4 Th	☽□♆	5*am*48	B
	☽∠♅	8 47	b
	☽☍☿	11*p* 21	B
5 F	☽□♂	1*am* 5	B
	☿±♅	4 12	
	⊙P☿	8 41	
	☽⚺♅	9 58	g
	♀△♄	2*pm*22	
	☽□♄	2 43	B
	♀±♇	6 45	
	☽P☿	9 21	G
	☽P⊙	11 40	G
6 S	☽☌♇	1*am*13	D
	☿□♂	3 3	
	☽✱♆	8 32	G
	☽P♅	2*pm*59	B
	☽P♃	4 46	G
	☽⚼♀	6 25	b
	☽P♀	7 49	G
	☽☍⊙	9 1	B
7 Su	☽⚼♃	5*am*44	b
	☽△♂	6 47	G
	⊙Q♄	7 54	
	☽∠♆	10 35	b
	☽P♇	0*pm* 5	D
	☽☌♅	1 33	B
	☽△♄	6 56	G
	☽△♀	10 51	G
8 M	☽⚺♇	5*am*37	g
	☽△♃	8 48	G
	☽⚼♂	10 41	b
	☽⚺♆	1*pm*20	g
	☽⚼☿	2 56	b
	☽⚼♄	10 7	b
9 Tu	☿▽♅	2*am*50	
	☽P♆	8 32	D
	☽∠♇	8 55	b
	☽⚺♅	7*pm*59	g
	☽△☿	10 23	G
10 W	♀P♃	4*am* 8	
	☽□♀	10 52	B
	☽✱♇	1*pm* 6	G
	☽⚼⊙	1 34	b
	☽P♄	4 25	B
	☽□♃	5 36	B
	♀P♅	7 26	
	☽☌♆	9 25	D
11 Th	☽∠♅	0*am*28	b
	☿□♄	6 17	
11	♀▽♇	1*pm*38	
	☽△⊙	9 16	G
12 F	☽☍♂	4*am*19	B
	☽✱♅	5 50	G
	☽P♄	0*pm*50	B
	☽☍♄	0 56	B
	☽□☿	5 29	B
	☽□♇	11 57	B
13 S	⊙P♀	0*am*25	
	♃P♅	1 1	
	☽✱♀	3 17	G
	⊙∠♃	5 18	
	☽✱♃	5 50	G
	☽⚺♆	8 43	g
	♂△♅	9 14	
	☽P♆	11 *pm*7	D
14 Su	⊙P♃	9*am*38	
	☽∠♀	0*pm*33	b
	☽∠♃	0 42	b
	⊙P♅	2 37	
	♀☌♃	2 49	
	☽□⊙	2 58	B
	☽∠♆	3 3	b
	☿☍♇	3 52	
	⊙⚼♆	3 57	
	☽□♅	6 4	B
15 M	☽△♇	0*pm*34	G
	☽✱☿	4 4	G
	♀□♆	4 29	
	☽⚺♃	7 38	g
	☽✱♆	9 24	G
	☽⚺♀	9 53	g
16 Tu	☽P♇	0*am*26	D
	⊙☍♅	3 4	
	☽⚼♂	3 53	b
	☽⚼♄	8 27	b
	☽⚼♇	6*pm*41	b
	☿⚺♃	7 29	
	☽P⊙	9 18	G
17 W	♀⚼♅	0*am*46	
	☽P♅	2 2	B
	☽∠☿	3 14	b
	☽P♃	3 19	G
	☿△♆	4 27	
	☽△♅	6 14	G
	☽✱⊙	8 45	G
	☽△♂	11 23	G
	☽P♀	0*pm*23	G
	☽△♄	2 31	G
18 Th	☽☌♃	8*am*12	G
	☽□♆	8 50	B
	☽⚼♅	11 33	b
	☽P☿	1*pm*17	G
	☽⚺☿	1 35	g
	☽☌♀	2 53	G
	☽∠⊙	4 34	b
19 F	☿⚺♀	9*am*50	
	☽P☿	6*pm*58	G
	♃□♆	9 0	
	☽⚺⊙	11 26	g
	☽□♂	11 57	B
20 S	☽□♄	0*am*31	B
	☽☍♇	9 16	B
	☽P♀	9 30	G
	♂☌♄	1*pm*58	
	☿⊥♃	2 1	
	⊙✱♄	2 50	
	⊙✱♂	4 0	
	☽△♆	5 23	G
	☽⚺♃	5 43	g
	☽P♃	9 14	G
	☽P♅	11 27	B
21 Su	☽⚺♀	4*am* 8	g
	☽☌☿	6 59	G
	☽P⊙	0*pm*26	G
	☽⚼♆	8 32	b
	☽∠♃	9 18	b
	☽☍♅	10 53	B
	☽P♇	11 8	D
22 M	☿Q♄	3*am*36	
	☽✱♄	7 24	G
	☽✱♂	9 2	G
	☽∠♀	9 23	b
	☽☌⊙	10 17	D
	☿P♀	2*pm*24	
	☿Q♂	6 26	
23 Tu	☽✱♃	0*am*14	G
	☽∠♄	9 56	b
	☽∠♂	0*pm*33	b
	☽✱♀	1 55	G
	⊙±♆	4 50	
	☽⚼♇	5 28	b
	☽P♆	5 44	D
	☽⚺☿	8 34	g
24 W	☽⚺♄	0*pm* 1	g
	☽⚺♂	3 35	g
	☽⚺⊙	6 22	g
	☽△♇	7 15	G
25 Th	☽P♄	1*am* 7	B
	☽∠☿	2 30	b
	☽☍♆	2 48	B
	♀±♅	3 22	
	☿⚼♆	4 37	
	☽□♃	4 42	B
	☽⚼♅	4 55	b
	⊙▽♇	6 49	
	♃⚼♅	6*pm*11	
	☿☍♅	7 29	
	☿∠♃	7 39	
	☽□♀	9 39	B
	☽∠⊙	9 51	b
	☿P♃	11 10	
26 F	☽△♅	6*am*22	G
	☽✱☿	8 11	G
	☽P♄	10 37	B
	☽☌♄	3*pm*27	B
	☿⊥♀	3 30	
	☿P♅	7 2	
	⊙∠♀	7 46	
	☽☌♂	8 53	B
	☽□♇	10 11	B
27 S	☽✱⊙	1*am*10	G
	☽△♃	8 18	G
	⊙P♇	2*pm*29	
	☽P♆	5 43	D
28 Su	♂□♇	2*am*27	
	☽△♀	4 41	G
	☽⚼♆	7 0	b
	☽□♅	9 0	B
	☽⚼♃	10 1	b
	☿✱♄	1*pm*17	
	☽⚺♄	6 33	g
	☽□☿	7 24	B
29 M	☽✱♇	0*am*52	G
	☽⚺♂	1 54	g
	☽P⊙	7 36	G
	☽□⊙	7 40	B
	☽⚼♀	8 13	b
	☽△♆	8 22	G
	☽P♇	10 27	D
	☿±♆	2*pm*31	
	⊙▽♆	5 38	
	☽∠♄	8 10	b
	☽P☿	8 46	G
30 Tu	☽∠♇	2*am*17	b
	☽∠♂	4 29	b
	☿▽♇	8 27	
	☽P♅	9 37	B
	♀▽♅	10 40	
	☽✱♅	11 44	G
	☽P♃	2*pm* 2	G
	☽✱♄	9 52	G

MAY

1 W	☽⚺♇	3*am*49	g
	☿✱♂	6 48	
	☽✱♂	7 13	G
	☽△☿	7 15	G
	⊙±♇	7 37	
	☽□♆	11 23	B
	☽∠♅	1*pm*18	b
	☽△⊙	2 34	G
	☽☍♃	3 32	B
	☽P♀	4 4	G
2 Th	☿P♇	6*am*11	
	⊙✱♃	7 20	
	☿▽♆	10 16	
	☽P♀	0*pm* 9	G
	☽⚼☿	1 42	b
	☽⚺♅	3 5	g
	☽⚼⊙	6 23	b
	☽☍♀	7 46	B
3 F	☽□♄	1*am*56	B
	☿±♇	3 50	
	☽☌♇	7 32	D
	☽□♂	1*pm*28	B
	☽P♃	3 14	G
	☽✱♆	3 16	G
	☿✱♃	5 45	
	☽P♅	8 28	B
4 S	⊙☌☿	4*pm*56	
	☽∠♆	5 48	b
	☽☌♅	7 42	B
	☽P♇	9 6	D
	⊙P☿	10 20	
	☽⚼♃	11 17	b
5 Su	♂▽♆	5*am*10	
	☽△♄	7 30	G
	☽P⊙	11 5	G
	☽⚺♇	0*pm*50	g
	☽P☿	1 19	G
	☿∠♀	3 40	
	☽⚺♆	8 51	g
	☽△♂	9 38	G
	☿∠♄	11 29	
6 M	☽△♃	2*am*52	G
	♀□♄	7 40	
	☽☍⊙	8 56	B
	☽⚼♄	11 7	b
	☽⚼♀	11 25	b
	☽☍☿	1*pm*21	B
	☽∠♇	4 20	b
	☽P♆	4 46	D
7 Tu	☽⚺♅	2*am*28	g
	☽⚼♂	2 45	b
	☿⚼♇	6 54	
	⊙∠♄	5*pm*43	
	☽△♀	6 15	G
	☽✱♇	8 31	G
8 W	☽☌♆	4*am*56	D
	☽P♄	5 6	B
	☽∠♅	6 52	b
	☽□♃	0*pm* 7	B
	♀☍♇	7 29	
9	☽✱♅	11*a*57	G
9	☽P♄	3*pm*51	B
	☿Q♃	5 56	
	☿▽♅	6 8	
10 F	☽☍♄	2*am*18	B
	☽⚼⊙	6 41	b
	☽□♇	6 59	B
	☿⊥♄	8 26	
	☿P♆	10 7	
	⊙⚼♇	10 20	
	☽□♀	10 40	B
	☽⚺♆	3*pm*43	g
	☽⚼☿	10 55	b
	☽☍♂	10 55	B
	☿∠♂	10 56	
11 S	☽✱♃	0*am*9	G
	☽P☿	1 54	G
	☽P♆	6 29	D
	☽△⊙	3*pm*27	G
	☽∠♆	9 53	b
	☽□♅	11 50	B
12 Su	☽P⊙	1 *am*38	G
	☽∠♃	6 51	b
	♂△♃	7 21	
	☽△☿	11 48	G
	☿±♅	0*pm*38	
	♀△♆	3 32	
	☽△♇	7 23	G
13 M	☽✱♆	4*am*12	G
	☽✱♀	5 34	G
	☽P♇	6 40	D
	☿⚺♄	8 15	
	☽⚺♃	1*pm*38	g
	☽⚼♄	9 53	b
14 Tu	☽⚼♇	1*am*40	b
	☿△♇	6 50	
	☽□⊙	9 29	B
	☽P♅	11 33	B
	☽△♅	0*pm*16	G
	☽∠♀	2 57	b
	♂±♆	6 45	
	☽P♃	8 14	G
	☿P♄	9 21	
	☽⚼♂	10 34	b
15 W	☽△♄	4*am*11	G
	☽□☿	0*pm*35	B
	☽□♆	4 7	B
	☽⚼♅	5 57	b
	☽P♀	6 2	G
	⊙▽♅	7 0	
	☽⚺♀	11 41	g
16 Th	☽☌♃	2*am* 7	G
	☽△♂	5 37	G
	☿☍♆	10 11	
	☿⚼♅	9*pm*17	
17 F	☽✱⊙	1*am*19	G
	⊙Q♃	4 18	
	☽P♀	4 38	G
	☿⊥♂	4 40	
	♀⚺♃	5 47	
	☿P♂	11 53	
	☽□♄	2*pm*42	B
	☽☍♇	5 20	B
	☽P♃	9 40	G
18 S	☽△♆	1*am*22	G
	⊙⊥♄	6 9	
	☽P♅	6 16	B
	☽∠⊙	7 40	b
	☽✱☿	8 15	G
	☽⚺♃	11 31	g
	☽☌♀	1*pm*58	G
	☽□♂	4 52	B
19	☽⚼♆	4*am*38	b

MAY—*contd.*

19	☽ ☍ ♅	*6am*15	B
	☽ P ♇	8 31	D
	☿ □ ♃	8 40	
	☽ ⊻ ☉	0*pm*55	g
	☽ ∠ ♃	2 49	b
	☽ ∠ ☿	3 42	b
	☽ ✱ ♄	9 40	G
20	☽ ✱ ♃	*5pm*18	G
M	☽ ⊻ ☿	9 47	g
	☽ ⊻ ♀	11 48	g
	☽ ∠ ♄	11 57	b
21	☽ ✱ ♂	0*am*15	G
Tu	☽ P ☉	1 34	G
	☽ ⚼ ♇	1 36	b
	☽ P ♆	1 49	D
	☉ P ♆	5 2	
	♀ □ ♂	10 53	
	☉ ± ♅	*7pm*29	
	☽ ☌ ☉	8 34	D
22	☽ ⊻ ♄	*1am*34	g
W	☽ ∠ ♂	2 47	b
	☽ △ ♇	2 58	G
	☿ ⊻ ♂	3 5	
	☽ ∠ ♀	3 26	b
	☽ ☍ ♆	10 5	B
	☽ P ♄	11 5	B
	☽ ⚼ ♅	11 33	b
	☿ ✱ ♀	*7pm* 4	
	☽ □ ♃	8 26	B
23	☽ ⊻ ♂	*4am*51	g
Th	♀ ⊥ ♃	5 39	
	☽ ✱ ♀	6 32	G
	☽ ☌ ☿	6 59	G
	☽ △ ♅	0*pm*22	G
	☽ P ♄	3 57	B
	♀ Q ♄	11 48	
24	☽ ⊻ ☉	*1am*57	g
F	☽ ● ♄	3 43	B
	☽ □ ♇	4 39	B
	☽ P ☉	*6pm*17	G
	♀ P ♃	6 29	
	☽ △ ♃	10 22	G
25	☽ P ♆	0*am*29	D
S	☽ ∠ ☉	4 23	b
	☿ △ ♅	7 19	
	☉ ⊻ ♄	8 21	
	☽ ☌ ♂	8 26	B
	☽ □ ♀	0*pm*11	B
	☽ ⚼ ♆	0 15	b
	♀ ⚼ ♆	0 59	
	☽ □ ♅	1 41	B
	☽ ⊻ ☿	2 27	g
	☉ △ ♇	6 38	
	☽ ⚼ ♃	11 20	b
26	☽ ⊻ ♄	*5am*37	g
Su	☽ ✱ ♇	6 7	G
	♀ ☍ ♅	6 46	
	☽ ✱ ☉	6 57	G
	☽ △ ♆	1*pm* 4	G
	☽ P ♇	3 33	D
	☽ ∠ ☿	6 12	b
27	♂ Q ♇	*3am*46	
M	☽ ∠ ♄	6 51	b
	☽ ∠ ♇	7 8	b
	☽ ⊻ ♂	0*pm*33	g
	☽ ✱ ♅	3 35	G
	☽ P ♅	4 11	B
	☽ △ ♀	6 33	G
	☽ P ♀	7 27	G
	☽ ✱ ☿	10 12	G

28	☽ P ♃	1*am*45	G
Tu	☽ ✱ ♄	8 27	G
	☽ ⊻ ♇	8 30	g
	☽ □ ☉	1*pm* 4	B
	♄ □ ♇	1 14	
	☽ ∠ ♂	3 10	b
	☽ □ ♆	3 35	B
	☽ ∠ ♅	5 4	b
	☽ ⚼ ♀	10 25	b
29	♂ ⚼ ♆	0*am*11	
W	☽ ☍ ♃	3 55	B
	♀ P ♅	0*pm*31	
	♂ P ♄	4 58	
	☽ ✱ ♂	6 18	G
	☽ ⊻ ♅	6 59	g
30	☉ ☍ ♆	0*am*41	
Th	☽ □ ☿	7 30	B
	♂ □ ♅	8 54	
	☽ ☌ ♇	0*pm*33	D
	☽ □ ♄	1 1	B
	☽ P ♃	2 1	G
	☽ ✱ ♆	7 51	G
	☽ △ ☉	9 22	G
	☉ ⚼ ♅	9 49	
31	☽ P ♅	0*am*24	B
F	☽ P ♀	3 42	G
	☉ ∠ ♂	9*pm*17	
	☽ ∠ ♆	10 46	b
	♀ ∠ ♃	11 32	

JUNE

1	☽ ☌ ♅	0*am*20	B
S	☽ □ ♂	2 20	B
	☽ ⚼ ☉	2 29	b
	☽ P ♇	2 59	D
	☽ ⚼ ♃	0*pm*44	b
	☽ ☍ ♀	1 54	B
	☿ □ ♇	4 56	
	☽ ⊻ ♇	6 45	g
	☽ △ ☿	6 55	G
	☽ △ ♄	7 46	G
2	☽ ⊻ ♆	2*am*15	g
Su	♀ ± ♆	4 16	
	☿ ☌ ♄	6 5	
	☽ △ ♃	4*pm*48	G
	☽ P ♆	10 32	D
	☽ ∠ ♇	10 41	b
3	☽ ⚼ ♄	0*am* 1	b
M	☉ P ♂	0 28	
	☽ ⚼ ☿	1 28	b
	☽ ⊻ ♅	7 58	g
	☽ △ ♂	0*pm*59	G
	♀ ⊽ ♇	8 18	
	☽ P ♂	11 22	B
4	☽ ✱ ♇	3*am*13	G
Tu	☽ P ☉	4 0	G
	☽ ☌ ♆	10 57	D
	☽ P ♄	0*pm* 0	B
	☽ ∠ ♅	0 38	b
	♀ ✱ ♄	3 17	
	☽ ⚼ ♂	7 18	b
	☽ ☍ ☉	10 11	B
5	☽ □ ♃	2*am*41	B
W	☽ ⚼ ♀	0*pm* 5	b
	☿ ⊽ ♆	3 47	
	☽ ✱ ♅	5 52	G
	☽ P ♄	11 30	B
6	☽ P ☉	2*am*38	G
Th	☽ □ ♇	1*pm*55	B
	☽ ☍ ♄	4 17	B
	☽ P ♂	6 0	B

6	☽ △ ♀	8*pm*58	G
	☽ ⊻ ♆	9 49	g
7	☽ ☍ ☿	0*am* 9	B
F	☉ P ♄	5 2	
	♀ ⊽ ♆	5 42	
	☉ □ ♃	2*pm*11	
	☽ ✱ ♃	2 41	G
	☽ P ♆	2 41	D
8	☽ ∠ ♆	3*am*53	b
S	☽ □ ♅	5 42	B
	☽ ☍ ♂	5*pm*40	B
	☽ ∠ ♃	9 13	b
	☽ ⚼ ☉	11 41	b
	♀ ± ♇	11 50	
9	☽ △ ♇	2*am*17	G
Su	☽ ✱ ♆	10 12	G
	☽ P ♇	2*pm*19	D
	☽ □ ♀	4 3	B
	☽ P ♀	6 24	G
10	☿ ✱ ♀	1*am*17	
M	☽ ⊻ ♃	3 50	g
	☽ ⚼ ♇	8 41	b
	☽ △ ☉	8 45	G
	☽ ⚼ ♄	0*pm* 5	b
	☽ △ ♅	6 21	G
	☽ P ♅	8 17	B
11	☽ ⚼ ☿	0*am*22	b
Tu	☽ P ♃	9 42	G
	♀ P ♇	0*pm*26	
	☽ △ ♄	6 33	G
	☉ P ☿	6 36	
	☽ □ ♆	10 33	B
12	☽ ⚼ ♅	0*am*24	b
W	♂ ⚼ ♃	0 40	
	☽ △ ☿	7 34	G
	☽ ✱ ♀	10 51	G
	☽ ☌ ♃	4*pm*19	G
	☽ ⚼ ♂	5 2	b
13	☽ □ ☉	1*am*45	B
Th	☿ P ♄	6 28	
	☽ ∠ ♀	7*pm*10	b
	☽ △ ♂	11 41	G
14	☽ P ♃	0*am*57	G
F	☽ ☍ ♇	1 40	B
	☽ □ ♄	5 46	B
	☽ △ ♆	8 50	G
	♇ stat	9 10	
	☽ P ♅	1*pm*50	B
	☽ □ ☿	7 3	B
	♀ ✱ ♃	11 16	
15	☽ ⊻ ♃	2*am* 7	g
S	☽ ⊻ ♀	2 23	g
	☉ △ ♅	6 19	
	☽ ⚼ ♆	0*pm*44	b
	☽ ☍ ♅	2 29	B
	☽ ✱ ☉	3 7	G
	♂ ✱ ♇	4 14	
	☽ P ♇	5 6	D
16	☽ P ♀	2*am*40	G
Su	☽ ∠ ♃	5 35	b
	☽ □ ♂	9 51	B
	☽ ✱ ♄	1*pm*25	G
	♀ ⚼ ♇	4 34	
	☽ ∠ ☉	8 3	b
17	☉ ⊥ ♀	1*am*29	
M	☽ ✱ ☿	1 54	G
	☽ ✱ ♃	8 8	G
	☽ ♇ ♆	10 45	D
	☽ ⚼ ♇	11 21	b
	☽ P ♂	0*pm*53	B
	☽ ☌ ♀	1 4	G
	☽ ∠ ♄	3 48	b

17	☿ stat	10*p* 40	
	☽ ⊻ ☉	11 53	g
18	☽ P ☿	0*am* 6	G
Tu	☽ ∠ ☿	3 41	b
	☽ △ ♇	0*pm*49	G
	☽ ✱ ♂	3 51	G
	☽ ⊻ ♄	5 21	g
	☽ ☍ ♆	6 54	B
	☽ P ♄	7 0	B
	☽ ⚼ ♅	8 35	b
19	♀ ∠ ♄	1*am*25	
W	♂ P ♆	3 50	
	☽ ⊻ ☿	4 36	g
	☽ □ ♃	10 46	B
	☽ ∠ ♂	5*pm*39	b
	☽ ⊻ ♀	7 34	g
	☽ △ ♅	9 11	G
20	☽ P ♄	3*am*40	B
Th	☽ ☌ ●	4 56	D
	♂ ⊻ ♄	0*pm*25	
	☽ □ ♇	1 55	B
	♀ ⊽ ♅	3 40	
	☽ ☌ ♄	6 45	B
	☽ ⊻ ♂	6 57	g
	☽ ∠ ♀	9 53	b
21	☽ ● ☿	4*am*40	G
F	☽ P ☿	5 41	G
	☽ P ♆	10 17	D
	☽ △ ♃	11 24	G
	♂ △ ♆	0*pm*53	
	☽ P ♂	1 10	B
	☽ ⚼ ♆	7 43	b
	☽ □ ♅	9 25	B
	☽ ✱ ♀	11 58	G
22	☽ P ♀	4*am*20	G
S	☽ ⊻ ☉	8 23	g
	☽ ⚼ ♃	11 30	b
	☽ ✱ ♇	2*pm* 3	G
	☽ ⊻ ♄	7 17	g
	☽ △ ♆	7 46	G
	☽ ☌ ♂	9 9	B
23	☽ P ♇	0*am*12	D
Su	♀ Q ♂	3 23	
	☽ ⊻ ☿	3 54	g
	☽ ∠ ☉	10 14	b
	☽ ∠ ♇	2*pm*19	b
	☿ P ♆	2 34	
	☿ ∠ ♀	7 12	
	☽ ∠ ♄	7 50	b
	☽ ✱ ♅	9 50	G
	☽ P ♅	11 57	B
24	☽ ∠ ☿	3*am*43	b
M	☽ □ ♀	4 44	B
	☽ P ♃	11 50	G
	☽ ✱ ☉	0*pm*32	G
	☽ ⊻ ♇	2 59	g
	♄ ⊽ ♆	6 16	
	☽ □ ♆	8 48	B
	☽ ✱ ♄	8 49	G
	☽ ∠ ♅	10 37	b
25	☽ ⊻ ♂	0*am*29	g
Tu	☽ ✱ ☿	3 53	G
	☽ ☍ ♃	1*pm*43	B
	♀ Q ♃	4 18	
	♀ ± ♅	5 8	
26	☉ □ ♇	1*am*44	
W	☽ ∠ ♂	3 9	b
	☽ △ ♀	0*pm* 1	G
	☽ ⊻ ♅	0 2	g
	♃ ± ♅	4 0	
	☽ P ♃	4 28	G
	☽ ☌ ♇	6 9	D

26	☽ □ ☉	7*pm*21	B
	☿ ⊻ ♂	9 18	
	♀ P ♂	11 12	
27	☽ ✱ ♆	0*am* 9	G
Th	☽ □ ♄	0 46	B
	☉ ⊥ ♂	2 28	
	☽ P ♅	5 16	B
	☽ □ ☿	5 52	B
	☽ ✱ ♂	6 39	G
	♀ ⊥ ♄	3*pm*28	
	☽ ⚼ ♀	5 6	b
28	♂ Q ♅	1*am*14	
F	☽ ∠ ♆	2 58	b
	♂ ± ♃	3 20	
	☽ ☌ ♅	5 5	B
	☽ P ♇	7 18	D
	☿ P ♀	9 21	
	☽ ⚼ ♃	9*pm*45	b
29	☽ ⊻ ♇	0*am*17	g
S	☿ ⊥ ♀	2 31	
	☽ △ ☉	5 54	G
	☽ ⊻ ♆	6 33	g
	☽ △ ♄	7 52	G
	☽ △ ☿	10 19	G
	♀ △ ♇	11 29	
	☽ P ♂	1*pm* 4	B
	☉ ⊽ ♆	2 33	
	☽ □ ♂	4 17	B
	☽ P ☿	6 5	G
	☽ P ♀	10 58	G
30	☽ △ ♃	1*am*56	G
Su	☽ P ♆	3 26	D
	☽ ∠ ♇	4 31	b
	☉ ☌ ♄	0*pm*12	
	☽ ⚼ ☉	0 32	b
	☽ ⚼ ♄	0 32	b
	☽ ⊻ ♅	1 9	g
	☽ ⚼ ☿	1 27	b
	☉ ☌ ☿	8 7	

JULY

1	☿ ☌ ♄	*5am* 5	
M	☽ ✱ ♇	9 23	G
	☽ ☍ ♀	2*pm*13	B
	☽ P ♄	2 43	B
	☽ ☌ ♆	3 46	D
	☽ ∠ ♅	6 11	b
	☿ ⊥ ♂	9 2	
2	♀ P ♆	0*am*24	
Tu	♅ stat	0 33	
	☽ △ ♂	5 6	G
	♀ ☍ ♆	6 9	
	☿ ⊻ ♀	11 29	
	☽ □ ♃	0*pm*10	B
	♂ ⊥ ♄	8 48	
	☿ ⊽ ♆	11 8	
	☽ ✱ ♅	11 43	G
3	♀ ⚼ ♅	7*am*28	
W	♀ ⊻ ♄	8 17	
	☽ P ♄	9 57	B
	☽ ⚼ ♂	0*pm*24	b
	☽ □ ♇	8 39	B
4	☽ ☍ ☿	1*am*53	B
Th	☽ ⊻ ♆	3 4	g
	☽ ☍ ♄	5 58	B
	☽ ☍ ☉	0*pm*41	B
	☽ P ♀	4 26	G
	☽ P ♆	10 30	D
5	☽ ✱ ♃	0*am* 9	G
F	☽ ∠ ♆	9 13	b
	☽ P ☿	11 23	G

JULY—*contd.*

Date	Aspect	Time	
5	☽□♅	11*a* 52	B
	☽⚼♀	5*pm*42	b
	☉±♆	6 17	
	☽P♂	11 0	B
6	☽∠♃	6*am*30	b
S	☽△♇	9 12	G
	☽⚹♆	3*pm*31	G
	☽P♇	10 53	D
7	☽△♀	3*am*28	G
𝔖	☽☍♂	0*pm*10	B
	☽⊻♃	0 54	g
	☽⚼♇	3 37	b
	♃ stat	3 43	
	☽⚼☿	5 33	b
8	☉♃♄	0*am*29	
M	☽△♅	0 40	G
	☽⚼♄	1 57	b
	♂∇♃	2 11	
	☽P♅	3 32	B
	☽⚼☉	3*pm*37	b
	☽P♃	6 19	G
	☽△☿	11 6	G
9	☽□♆	4*am* 3	B
Tu	☽⚼♅	6 54	b
	☽△♄	8 30	G
	☽□♀	10*p* 36	B
10	☽△☉	0*am*17	G
W	☽☌♃	1 13	G
	♂∠♇	7 39	
	☉△♃	0*pm* 2	
	☿∠♂	4 43	
11	♀□♃	0*am*52	
Th	☽P♃	7 38	G
	☽☍♇	9 29	B
	☽□☿	9 47	B
	☽⚼♂	10 49	b
	☽△♆	3*pm*13	G
	☽□♄	8 12	B
	☽P♅	9 49	B
12	☿ stat	2*am* 7	
F	☽⊻♃	11 34	g
	☽⚹♀	3*pm*11	G
	☽□☉	3 28	B
	☽△♂	5 2	G
	☽⚼♆	7 48	b
	☽☍♅	10 39	B
	☉P♀	11 13	
13	☽P♇	0*am*10	D
S	☉⊻♀	4 20	
	☽P♂	0*pm*42	B
	☽∠♃	3 31	b
	☽⚹☿	6 39	G
	☽∠♀	9 53	b
14	☽⚹♄	4*am*48	G
𝔖	♀⚹♂	6 2	
	☽P☿	3*pm*25	G
	☽⚹♃	6 33	G
	☽P♆	8 5	D
	☽⚼♇	9 16	b
	☽∠☿	10 2	b
15	☉⚼♆	0*am*27	
M	☉⊻♂	0 36	
	☽□♂	2 21	B
	☽⚹☉	2 24	G
	☽⊻♀	3 17	g
	☉Q♇	4 26	
	☽∠♄	7 40	b
	☽P☉	0*pm*26	G
	☽P♀	10 27	G
	♀△♅	11 19	
15	☽△♇	11*p* 20	G
16	☽⊻☿	0*am*37	g
Tu	☽P♄	2 17	B
	☽☍♆	4 5	B
	♃±♅	6 0	
	☽∠☉	6 7	b
	☽⚼♅	6 48	b
	☽⊻♄	9 34	g
	☉□♅	4*pm*28	
	☽□♃	9 50	B
17	☽⚹♂	7*am*29	G
W	☽△♅	7 46	G
	☽⊻☉	8 49	g
	☽☌♀	10 38	G
	♂⚹♅	2*pm*14	
	☿P♆	5 9	
	☽P♄	5 45	B
	☽P♀	6 22	G
18	☽□♇	1*am* 0	B
Th	☽☌☿	3 41	G
	☽∠♂	8 49	b
	☽☌♄	11 4	B
	☽P☉	11 36	G
	☽P☿	7*pm*46	G
	♀P♄	8 14	
	☽P♆	9 26	D
	☽△♃	10 13	G
19	☽⚼♆	5*am*15	b
F	☽□♅	7 55	B
	☽⊻♂	9 40	g
	☽☌☉	0*pm* 7	D
	☽⊻♀	2 45	g
	☿∇♆	7 45	
	☽⚼♃	9 51	b
20	☽⚹♇	0*am*40	G
S	☽△♆	4 52	G
	☽⊻☿	5 20	g
	☽P♂	8 14	B
	☽⊻♄	10 54	g
	☽P♇	11 58	D
	☽∠♀	4*pm*25	b
21	☽∠♇	0*am*21	b
𝔖	☉P☿	3 45	
	♂∠♄	4 6	
	☽∠☿	6 20	b
	☽⚹♅	7 20	G
	☽P♅	9 12	B
	☽∠♄	10 50	b
	☽☌♂	11 4	B
	☽⊻☉	2*pm*43	g
	☽⚹♀	6 17	G
	☽P♃	8 25	G
22	☽⊻♇	0*am*18	g
M	☽□♆	4 31	B
	☽∠♅	7 24	b
	☽⚹☿	7 51	G
	☽⚹♄	11 9	G
	☽∠☉	4*pm*36	b
	☽☍♃	9 31	B
23	☽⊻♅	8*am* 3	g
Tu	☽⊻♂	2*pm* 8	g
	☽⚹☉	7 16	G
24	☽□♀	0*am* 3	B
W	♂P♇	0 23	
	☽P♃	1 9	G
	☽☌♇	1 56	D
	☽⚹♆	6 17	G
	☉P♆	11 20	
	☽P♅	1 *pm*6	B
	☽□☿	1 50	B
	☽□♄	1 52	B
	☿☌♄	2 11	
24	☽∠♂	4*pm*57	b
	♀□♇	10 31	
25	♂⊥♇	4*am*46	
Th	☽∠♆	8 27	b
	☽P♂	10 38	B
	☽☌♅	11 47	B
	☽P♇	0*pm*15	D
	☉⚼♃	4 23	
	☽⚹♂	8 50	G
	☿±♆	10 24	
26	☽⚼♃	3*am* 0	b
F	☽□☉	3 52	B
	☽⊻♇	7 2	g
	☽△♀	10 17	G
	☽⊻♆	11 33	g
	☽△♄	8*pm*18	G
27	♀∇♆	0*am* 2	
S	☽△☿	1 23	G
	☽P☉	4 26	G
	☽△♃	6 41	G
	☿∠♂	9 24	
	☽P♆	9 40	D
	☽∠♇	11 2	b
	☽⚼♀	5*pm*18	b
	☽⊻♅	7 24	g
28	☉⚹♇	0*am*21	
𝔖	☽⚼♄	0 57	b
	☽P☿	3 57	G
	☽□♂	7 55	B
	☽⚼☿	9 29	b
	☽⚹♇	3*pm*54	G
	☽△☉	5 11	G
	☽P♄	5 21	B
	☽☌♆	8 33	D
	☿△♃	11 51	
29	☽∠♅	0*am*28	b
M	☽P♀	1 3	G
	☽□♃	4*pm*27	B
30	☽⚼☉	1*am*15	b
Tu	☽⚹♅	6 12	G
	☉△♆	0*pm* 2	
	☽P♀	1 44	G
	☽P♄	7 58	B
	☽△♂	10 24	G
31	☽□♇	3*am*31	B
W	☽⊻♆	8 8	g
	☽P☿	8 27	G
	♀☌♄	8 58	
	☽☍♄	6*pm*59	B
	☽☍♀	8 0	B
	♀±♆	10 20	

AUGUST

Date	Aspect	Time	
1	☿⚼♆	0*am*42	
Th	☽⚹♃	4 16	G
	☽P♆	4 51	D
	☽⚼♂	6 20	b
	☿Q♇	11 13	
	☽∠♆	2*pm*25	b
	☽☍☿	4 45	B
	☽□♅	6 45	B
	☽P☉	10 11	G
2	☿□♅	6*am*38	
F	☽∠♃	10 27	b
	☽△♇	4*pm*19	G
	☽⚹♆	8 48	G
3	☽☍☉	3*am*57	B
S	☽P♇	7 43	D
	♀P♄	10 22	
	☉±♃	10 51	
	☽⊻♃	4*pm*37	g
3	☽P♂	9*pm*45	B
	☽⚼♇	10 45	b
4	♀△♃	0*am*37	
𝔖	♂⊻♇	3 40	
	☽△♅	7 38	G
	☽P♅	8 57	B
	☽⚼♄	2*pm*58	b
	☽P♃	9 33	G
	☉Q♅	10 42	
5	☽⚼♀	1*am*20	b
M	☿⊥♂	3 52	
	☽☍♂	6 24	B
	☽□♆	9 19	B
	☽⚼♅	1*pm*52	b
	♄±♆	3 15	
	☉⊻♄	5 31	
	☽△♄	9 23	G
6	☽⚼☿	4*am* 9	b
Tu	☽☌♃	4 29	G
	☿⚼♃	6 6	
	☽△♀	10 42	G
7	☽⚼☉	6*am* 0	b
W	♂□♆	1*pm*15	
	☽△☿	3 33	G
	☽☍♇	4 45	B
	☽P♃	6 13	G
	☽△♆	8 45	G
	☿⚹♇	11 0	
8	☽P♅	6*am* 6	B
Th	♀⚼♆	7 32	
	☽□♄	9 5	B
	☽P♂	10 40	B
	☽△☉	1*pm*45	G
	☽⊻♃	2 58	g
	☿P♆	4 38	
	☿△♆	11 14	
9	☽⚼♆	1*am*45	b
F	♀Q♇	3 20	
	♀∠♂	3 30	
	☽□♀	3 42	B
	☽⚼♂	3 42	b
	☉∇♃	4 17	
	☽P♇	5 25	D
	☽☍♅	6 22	B
	☿⊻♂	2*pm*41	
	☽∠♃	7 22	b
	☽P☉	10 13	G
10	♀□♅	7*am*52	
S	☽△♂	9 28	G
	☽□☿	11 54	B
	☿±♃	1 *pm* 0	
	☽⚹♄	6 22	G
	☽P☿	9 6	G
	☽⚹♃	11 3	G
11	☽□☉	2*am*46	B
𝔖	☽P♆	5 13	D
	☽⚼♇	6 9	b
	♂∠♅	11 36	
	☿Q♅	3*pm*51	
	☽⚹♀	5 6	G
	♂P♅	5 20	
	☽P♀	5 49	G
	☽∠♄	9 48	b
12	☿⊻♄	6*am* 7	
M	☽△♇	9 1	G
	☽P♄	9 2	B
	☽☍♆	0*pm*21	B
	☽⚼♅	4 46	b
	☽□♂	6 5	B
	☉⊥♄	8 27	
	☽∠♀	10 7	b
13	☽⊻♄	0*am*20	g
13	☉∠♇	2*am*53	
	☽⚹☿	3 6	G
	☽□♃	3 50	B
	☿∇♃	7 51	
	☽⚹☉	11 35	G
	☽△♅	6*pm*30	G
14	☽⊻♀	1*am*58	g
W	☽P♄	6 22	B
	☽∠☿	8 37	b
	☽□♇	0*pm* 9	B
	☽∠☉	2 25	b
	☽⚹♂	10 49	G
15	☽P♀	2*am*42	G
Th	☽☌♄	2 47	B
	☽△♃	5 21	G
	☽P♆	7 28	D
	☿⊥♄	9 31	
	☿∠♇	9 58	
	♀⚼♃	10 46	
	☽⊻☿	1 *pm* 0	g
	☽⚼♆	3 26	b
	☽⊻☉	5 24	g
	☽□♅	7 42	B
16	☽∠♂	0*am* 2	b
F	☽⚼♃	5 11	b
	☽☌♀	6 57	G
	☽P☿	10 3	G
	☽⚹♇	0*pm*31	G
	☽△♆	3 16	G
	☽P☉	9 16	G
17	☽⊻♂	0*am*47	g
S	☽P♇	0 53	D
	☽⊻♄	2 53	g
	☉☌☿	10 8	
	☽∠♇	0*pm*11	b
	♀P♆	0 43	
	☿⚹♅	3 36	
	☽P♅	6 46	B
	☽☌☉	7 2	D
	☽⚹♅	7 12	G
	☽☌☿	7 44	G
	☉⚹♅	9 47	
18	☽P♂	1*am*56	B
𝔖	☽∠♄	2 40	b
	☽P♃	3 0	G
	☽⊻♀	10 21	g
	☽⊻♇	11 51	g
	☽□♆	2*pm*32	B
	☽∠♅	6 57	b
	♂P♃	10 10	
19	♆ stat	1*am*29	
M	☽☌♂	2 12	B
	☽⚹♄	2 36	G
	☽☍♃	3 43	B
	♀⚹♇	5 35	
	☉P♇	7 6	
	☽∠♀	0*pm*22	b
	♂⚹♄	1 44	
	☽⊻♅	7 5	g
	☽⊻☉	10 6	g
	☿⊥♇	11 18	
20	☽⊻☿	2*am*57	g
Tu	☿∠♄	3 30	
	♂☍♃	8 50	
	☽☌♇	0*pm*21	D
	☽P♂	1 35	B
	♀△♆	2 22	
	☽⚹♆	3 4	G
	☽⚹♀	3 8	G
	☽P♃	3 50	G
	☿P♇	4 52	
21	☽P♅	0*am*16	B

AUGUST—*contd.*

Day	Aspect	Time	
21	☽∠☉	0*am*41	b
	☽□♄	4 10	B
	☽⊻♂	5 40	g
	☽∠☿	7 54	b
	☽P☉	3*pm*15	G
	☽P☿	3 33	G
	☽∠♆	4 27	b
	☽P♇	7 4	D
	☉P☿	7 20	
	☽☌♅	9 29	B
22 Th	♀±♃	4*am* 8	
	☽✱☉	4 23	G
	♃△♄	5 13	
	☽⚼♃	6 14	b
	☽∠♂	8 52	b
	☽✱☿	2*pm*14	G
	☽⊻♇	4 1	g
	☽⊻♆	6 49	g
	☉⊥♇	6 50	
23 F	☽□♀	0*am* 5	B
	☿⊻♇	2 58	
	☽P♀	5 37	G
	☽△♃	8 54	G
	☽△♄	9 23	G
	☉∠♄	9 48	
	☽✱♂	1*pm*17	G
	☽P♆	6 39	D
	☽∠♇	7 25	b
	☿□♆	10 37	
24 S	☽⊻♅	3*am*51	g
	♀⊥♂	11 48	
	☽⚼♄	1*pm*37	b
	☽□☉	3 39	B
	☽P♄	10 15	B
	☽✱♇	11 49	G
25 Su	☽☌♆	2*am*43	D
	☽□☿	7 41	B
	☽∠♅	8 37	b
	♀Q♅	1*pm* 9	
	☿∠♅	1 57	
	☽△♀	2 36	G
	☿P♅	4 8	
	☽□♃	5 15	B
26 M	☽□♂	1*am*39	B
	☽✱♅	2*pm*12	G
	♂⊥♅	2 18	
	♀⊽♃	2 45	
	☽⚼♀	11 36	b
27 Tu	☽P♄	4*am*28	B
	☽△☉	7 37	G
	☽□♇	11 11	B
	♀⊻♄	0*pm*11	
	☽⊻♆	2 3	g
	☿P♃	4 34	
	☿☍♃	8 35	
28 W	☽✱♃	4*am*29	G
	☽△☿	5 59	G
	☽☍♄	7 16	B
	☽P♆	9 28	D
	☿✱♄	2*pm*53	
	☽⚼☉	4 34	b
	☽△♂	5 14	G
	☽∠♆	8 24	b
29 Th	☽□♅	2*am*52	B
	☉⊻♇	5 27	
	☽∠♃	10 34	b
	☽P♀	4*pm*15	G
	☽⚼☿	5 46	b
30 F	☽△♇	0*am* 7	G
	☉P♅	0 14	
30	☽⚼♂	1*am*24	b
	☽✱♆	2 50	G
	☉□♆	3*pm*38	
	☽P♇	4 25	D
	☽⊻♃	4 38	g
	☿⊥♅	5 39	
31 S	☿⊻♀	0*am* 0	
	☽☍♀	5 6	B
	☽⚼♇	6 32	b
	☽P♅	0*pm*49	B
	☽△♅	3 49	G
	☽P☉	4 21	G
	♀∠♇	7 20	
	☽P♃	8 50	G

SEPTEMBER

Day	Aspect	Time	
1 Su	☽⚼♄	3*am* 1	b
	☽□♆	3*pm*17	B
	☽P☿	7 9	G
	☽P♂	7 24	B
	☽☍☉	7 25	B
	♀⊥♄	7 29	
	☿P♂	9 17	
	☽⚼♅	9 57	b
2 M	☿☌♂	0*am*37	
	☽☌♃	4 10	G
	☽△♄	9 10	G
	☉P♃	3*pm*35	
3 Tu	☽☍♂	0*am*37	B
	☽☍☿	2 58	B
	☿Q♆	3 0	
	☽P☿	3 35	G
	☉∠♅	4 37	
	☽P♂	6 42	B
	☿⊻♅	8 55	
	☿⊻♂	4*pm* 4	
4 W	☽☍♇	0*am* 7	B
	☽△♆	2 28	G
	☽P☉	4 14	G
	☽P♃	7 41	G
	☽⚼♀	8 22	b
	☽⊻♃	2*pm*21	g
	☽P♅	2 53	B
	☿✱♅	4 38	
	☽□♄	8 17	B
	♂Q♆	10 10	
5 Th	☿Q♄	2*am* 7	
	☽⚼♆	7 27	b
	☽P♇	9 26	D
	☽☍♅	2*pm* 8	B
	☽P♀	4 1	G
	☽△♀	4 23	G
	♂⊻♅	5 7	
	☽⚼☉	6 41	b
	☽∠♃	6 50	b
	☉☍♃	8 20	
6 F	☽⚼♂	7*pm*51	b
	☽✱♃	10 48	G
7 S	☽△☉	1*am*15	G
	☽✱♄	5 29	G
	☽⚼☿	6 0	b
	☽P♆	1*pm*50	D
	☽⚼♇	1 50	b
8 Su	☽△♂	1*am* 1	G
	☽□♀	6 12	B
	♀⊥♇	7 49	
	☽∠♄	9 12	b
	♀P♇	0*pm* 6	
	☽△☿	1 12	G
	☽P♄	2 53	B
	☽△♇	5 13	G
8	☽☍♆	7*pm*10	B
	☿P♂	11 5	
9 M	☽⚼♅	1*am*41	b
	☽□♃	4 56	B
	☽□☉	0*pm* 1	B
	☽⊻♄	0 12	g
	☉✱♄	2 45	
	♀∠♄	4 27	
10 Tu	☿☌♇	0*am*40	
	☽△♅	4 10	G
	☽□♂	8 58	B
	☽P♄	3*pm*22	B
	♂Q♄	4 9	
	☽✱♀	4 25	G
	☿✱♆	5 24	
	☽□♇	9 51	B
11 W	☽□☿	0*am*21	B
	☽△♃	8 19	G
	☽P♆	2*pm*11	D
	☽☌♄	3 57	B
	☽✱☉	7 12	G
	☽∠♀	8 6	b
12 Th	☽⚼♆	0*am*45	b
	☽□♅	6 58	B
	☽⚼♃	9 22	b
	☉P☿	10 47	
	☽✱♂	1*pm*40	G
	☽∠☉	9 37	b
	☽⊻♀	11 1	g
	☉⊥♅	11 31	
	☽✱♇	11 45	G
13 F	☽△♆	1*am*20	G
	☽✱☿	7 30	G
	♀⊻♇	7 52	
	☽P♇	0*pm*42	D
	☽∠♂	3 4	b
	☽⊻♄	5 13	g
	☿⊽♃	11 27	
	☽⊻☉	11 29	g
	☽P♀	11 33	G
	☽∠♇	11 57	b
14 S	☽P♅	2*am*43	B
	♀□♆	2 52	
	☽P♃	7 14	G
	☽✱♅	7 38	G
	☽∠☿	10 9	b
	☽⊻♂	4*pm* 9	g
	☽∠♄	5 20	b
	☽P☿	6 49	G
	☽⊻♇	11 58	g
15 Su	☽□♆	1*am*27	B
	☽☌♀	3 27	G
	☽P☉	6 16	G
	☽∠♅	7 40	b
	☽☍♃	8 46	B
	♀P♅	11 13	
	☽⊻☿	0*pm*36	g
	☽✱♄	6 25	G
	☽P♂	7 15	B
	☽P♂	7 51	B
16 M	☽☌☉	2*am*46	D
	☽P☉	7 11	G
	☽⊻♅	7 48	g
	☽☌♂	6*pm*29	B
17 Tu	☽☌♇	0*am*22	D
	☽✱♆	1 50	G
	☽P☿	3 37	G
	☽⊻♀	8 21	g
	♀∠♅	8 41	
	☽P♃	9 10	G
	☽P♀	9 12	G
	♀P♃	9 34	
17	☽P♅	1*pm*29	B
	♀☍♃	2 31	
	☽☌☿	6 33	G
	☽□♄	6 35	B
	☿□♄	6 49	
	☿±♃	8 58	
18 W	☽∠♆	2*am*47	b
	☽P♇	3 27	D
	☽⊻☉	7 45	g
	☿P♀	8 14	
	☉Q♆	9 35	
	☽☌♅	9 36	B
	☽⚼♃	9 50	b
	☽∠♀	11 52	b
	☽⊻♂	11 *pm*8	g
19 Th	☽⊻♇	3*am* 7	g
	☿P♃	3 40	
	♃□♅	4 27	
	☽⊻♆	4 35	g
	☽△♃	11 36	G
	☽∠☉	11 40	b
	☉⊻♅	0*pm* 0	
	☽✱♀	4 37	G
	☽△♄	10 42	G
20 F	☽∠♂	3*am* 2	b
	☽⊻☿	4 15	g
	☉P♂	5 31	
	☽∠♇	5 52	b
	☽P♆	6 14	D
	☿P♅	2*pm*17	
	☽⊻♅	2 51	g
	☽✱☉	4 54	G
21 S	☽⚼♄	2*am*19	b
	☽P♄	6 2	B
	☽✱♂	8 10	G
	☽✱♇	9 40	G
	☽∠☿	11 5	b
	☽☌♆	11 10	D
	☿∠♆	11 54	
	☽□♃	6*pm*10	B
	☽∠♅	7 3	b
22 Su	☽□♀	6*am*14	B
	☿⊥♀	8 0	
	♀✱♄	2*pm* 6	
	♂☌♇	3 47	
	☽✱☿	7 13	G
	☉Q♄	11 13	
23 M	☽✱♅	0*am*13	G
	☽□☉	7 9	B
	☽P♄	11 43	B
	☽□♇	8*pm*11	B
	♂✱♆	8 50	
	☽⊻♆	9 40	g
	☽□♂	9 43	B
24 Tu	☽✱♃	4*am*23	G
	☿⚼♃	4 50	
	☽P♆	1*pm* 0	D
	☿⊥♀	2 0	
	☽☍♄	6 44	B
	♀⊥♅	11 1	
	☿☌♅	11 20	
25 W	☽△♀	0*am*32	G
	☿P♇	3 5	
	☽∠♆	3 53	b
	☽∠♃	10 21	b
	☽□♅	0*pm*35	B
	☽□☿	2 0	B
26 Th	☽△☉	0*am*51	G
	☽△♇	8 56	G
	☽✱♆	10 20	G
	☽⚼♀	10 30	b
	☽△♂	1*pm*48	G
26	☽⊻♃	4*pm*28	g
	☽P☿	7 10	G
27 F	☽P♇	1*am* 0	D
	☽⚼☉	9 58	b
	☽⚼♇	3*pm*21	b
	☽P♅	3 49	B
	☽P♃	7 42	G
	☽⚼♂	9 53	b
28 S	☽△♅	1*am*34	G
	♂⊽♃	7 17	
	☽△☿	9 3	G
	♀P♂	9 43	
	☽⚼♄	2*pm* 5	b
	♀Q♆	7 45	
	☽□♆	10 49	B
29 Su	☽P♂	1*am*57	B
	☽☌♃	4 10	G
	☽P♀	4 58	G
	☿⊥♆	5 6	
	☽⚼♅	7 38	b
	☽P☉	8 36	G
	☽⚼☿	5*pm*43	b
	☽△♄	7 57	G
30 M	♀⊻♅	0*am*30	
	☉P♀	1 26	
	☉☌♇	5 50	
	☽P♀	9 9	G
	☽P☉	10 46	G
	☽☍♀	2*pm*36	B
	☽P♂	5 22	B
	☉✱♆	9 30	

OCTOBER

Day	Aspect	Time	
1 Tu	☽☍♇	8*am*27	B
	☽△♆	9 38	G
	☽☍☉	10 38	B
	☽⊻♃	2*pm*14	g
	☽☍♂	7 18	B
	☽P♃	9 12	G
2 W	☽P♅	0*am*34	B
	☽□♄	6 13	B
	☽P♇	1*pm*33	D
	☽⚼♆	2 17	b
	♀Q♄	5 12	
	☽∠♃	6 33	b
	☽☍♅	10 57	B
3 Th	☉⊽♃	4*am*30	
	☽☍☿	3*pm* 6	B
	☽P☿	3 15	G
	☽✱♃	10 25	G
4 F	☽⚼♀	1*pm* 2	b
	☽✱♄	2 32	G
	☽⚼♇	9 12	b
	☽P♆	10 16	D
5 S	☿⊻♇	5*am* 4	
	☽⚼☉	5 51	b
	☽⚼♂	11 40	b
	☽∠♄	5*pm*58	b
	☽△♀	7 14	G
	☽P♄	8 26	B
	☿⊻♆	11 3	
6 Su	☽△♇	0*am*31	G
	☽☍♆	1 29	B
	☽□♃	4 48	B
	♂±♃	5 42	
	☽⚼♅	9 57	b
	☽△☉	11 6	G
	☽△♂	4*pm* 2	G
	☽⊻♄	8 57	g
7 M	☽⚼☿	5*am*46	b
	☽△♅	0*pm*40	G

OCT.—*contd.*

	Aspect	Time	
7	☽P♄	8pm34	B
8	♀☌♇	5am 7	
Tu	☽□♇	5 42	B
	☽□♀	5 45	B
	☽△☿	9 11	G
	☽△♃	9 22	G
	☿△♃	1pm11	
	♀⚹♆	3 3	
	☽P♆	5 21	D
	☉±♃	6 21	
	☽□☉	7 46	B
	☽□♂	11 7	B
9	☽☌♄	1am25	B
W	☽⚻♆	8 24	b
	☽⚻♃	10 56	b
	☽P☿	11 17	G
	☽□♅	4pm36	B
	♀∇♃	7 34	
10	☉P♂	5am34	
Th	☽⚹♇	8 57	G
	☽△♆	9 45	G
	☽⚹♀	1pm45	G
	☽□☿	1 52	B
	☿⊻♀	3 39	
	☽P♇	9 46	D
11	☽⚹☉	2am 6	G
F	♂□♄	2 29	
	☽⊻♄	4 0	g
	☽⚹♂	4 4	G
	☽P♅	7 33	B
	☽∠♇	9 58	b
	☽P♃	10 2	G
	☽∠♀	4pm57	b
	☽⚹♅	6 50	G
	☽P☉	9 24	G
	☽P♂	10 15	B
12	☽∠☉	4am39	b
S	☽∠♄	4 47	b
	☽∠♂	5 58	b
	☉□♄	6 44	
	☽⊻♇	10 42	g
	☽□♆	11 27	B
	☽P♀	0pm58	G
	☽☍♃	1 22	B
	☽⚹☿	4 15	G
	☽∠♅	7 34	b
	☽⊻♀	7 54	g
13	☽⚹♄	5am27	G
Su	☽⊻☉	7 2	g
	☽⊻♂	7 45	g
	☽∠☿	5pm 0	b
	☿ stat	8 4	
	☽⊻♅	8 18	g
	☽P♀	11 50	G
14	♀±♃	8am21	
M	☽☌♇	0pm10	D
	☽⚹♆	0 52	G
	☉☌♂	0 59	
	☽P♂	2 37	B
	☽P☉	5 12	G
	☽⊻☿	5 42	g
15	☽P♃	0am10	G
Tu	☽☌♀	2 4	G
	☽P♅	2 41	B
	☽□♄	7 13	B
	☽☌♂	11 52	B
	☽P♇	11 54	D
	☽☌☉	0pm26	D
	☽∠♆	2 1	b
	☽⚻♃	3 30	b

	Aspect	Time	
15	☽☌♅	10p 35	B
16	☉∠♆	11a 43	
W	☽⊻♇	3pm 0	g
	☽⊻♆	3 44	g
	☽△♃	5 5	G
	☽●☿	7 44	G
	☽P☿	10 26	G
17	☉⚻♃	6am 1	
Th	☽⊻♀	10 40	g
	☽△♄	10 59	G
	♂∠♆	11 41	
	♀□♄	2pm 9	
	☽∠♇	5 29	b
	☽⊻♂	6 33	g
	☽P♆	6 49	D
	☽⊻☉	8 35	g
18	☽⊻♅	3am27	g
F	♂⚻♃	11 27	
	☽⚻♄	2pm 7	b
	☽P♄	3 58	B
	☽∠♀	4 37	b
	☽⚹♇	8 52	G
	☽☌♆	9 36	D
	☉P♃	9 38	
	☽□♃	10 41	B
	☽∠♂	11 20	b
	☽⊻☿	11 30	g
19	☽∠☉	2am16	b
S	☽∠♅	7 15	b
	☿△♃	2pm24	
	☽⚹♀	11 48	G
20	☽∠☿	2am10	b
Su	☿⊻♆	5 16	
	☽⚹♂	5 18	G
	☽⚹☉	9 10	G
	☉P♅	11 12	
	☽⚹♅	11 55	G
	☿⊻♇	3pm 4	
	☽P♄	6 17	B
	♀∠♆	9 29	
21	☽⚹☿	5am14	G
M	♀⚻♃	5 36	
	☽□♇	6 24	B
	☽⊻♆	7 10	g
	☽⚹♃	7 58	G
	☽P♆	4pm54	D
	☉☌♅	10 17	
22	☽☍♄	4am54	B
Tu	☽∠♆	1pm 4	b
	☽∠♃	1 43	b
	☽□♀	5 36	B
	☽□♂	7 57	B
	☽□♅	11 43	B
23	☽□☉	1am53	B
W	♂P♃	2 25	
	☽□☿	0pm 6	B
	☽P☿	5 48	G
	☽△♇	6 40	G
	☽⚹♆	7 25	G
	☽⊻♃	7 53	g
24	☽P♇	9am38	D
Th	☽P☉	10 51	G
	☿☌♂	2pm57	
	☽P♅	6 51	B
	☽P♂	7 52	B
	☽P♃	10 18	G
	☽P♀	11 2	G
	☉P♇	11 47	
25	☽⚻♇	1am 7	b
F	♀P♃	5 29	
	♀☌♅	6 31	
	☿⊥♆	8 51	

	Aspect	Time	
25	☽△♂	0pm11	G
	☽△♅	0 39	G
	☽△♀	1 20	G
	☉☌☿	1 29	
	♂P♅	2 20	
	☽△☿	6 54	G
	☉⊥♆	7 43	
	☽△☉	8 1	G
	♂☌♅	9 22	
	☽⚻♄	11 43	b
26	☽□♆	8am 1	B
S	☽☌♃	8 10	G
	☉P☿	8 57	
	♀P♅	1pm29	
	☿☌♀	6 44	
	☽⚻♅	6 46	b
	☽⚻♂	7 55	b
	☽⚻☿	10 0	b
	☽⚻♀	10 45	b
27	☿P♇	0am43	
Su	☽⚻☉	4 31	b
	☽△♄	5 32	G
	☿☌♂	10 50	
	♃□♆	0pm42	
	♀P♂	1 36	
28	☿P♂	4am 6	
M	☿☌♅	5 53	
	♀⊥♆	6 20	
	☿P♀	11 6	
	☽☍♇	6pm10	B
	☽⊻♃	6 42	g
	☽△♆	6 50	G
	☿P♅	11 29	
29	☽P♃	7am48	G
Tu	☽P☿	9 51	G
	☽P♅	11 29	B
	☽□♄	3pm18	B
	♀P♇	3 53	
	☽P♂	4 40	B
	☽P♇	7 9	D
	☽P♀	7 33	G
	☽∠♃	11 1	b
	☽⚻♆	11 16	b
30	☿P♃	0am 9	
W	☽☍☿	5 45	B
	☽P☉	5 58	G
	☽☍♅	9 32	B
	☽☍♂	2pm53	B
	☽☍♀	9 59	B
31	☽☍☉	1am19	B
Th	☽⚹♃	2 43	G
	♂P♇	9 59	
	♂⊥♆	1pm30	
	♄stat	3 0	
	☉⊻♇	4 20	
	☉△♃	7 35	
	☽⚹♄	10 31	G

NOVEMBER

	Aspect	Time	
1	☉⊻♆	0am52	
F	☽⚻♇	5 40	b
	☽P♆	7 19	D
	♀⊻♇	9pm34	
	♀△♃	11 10	
2	☽∠♄	1am20	b
S	☽P♄	3 37	B
	♀⊻♆	4 17	
	☽△♇	8 26	G
	☽□♃	8 33	B
	☽☍♆	9 2	B
2	☽⚻☿	0pm 2	b
	☽⚻♅	6 55	b
3	☽⊻♄	3am42	g
Su	☽⚻♂	3 48	b
	♃stat	0pm18	
	☿stat	0 56	
	☽△☿	2 6	G
	☽⚻♀	2 24	b
	☽⚻☉	3 48	b
	☽△♅	9 12	G
	☽P♄	11 56	B
4	☽△♂	7am12	G
M	♃∇♇	7 12	
	☽△♃	0pm49	G
	☽□♇	0 50	B
	☽△♀	6 55	G
	☽P♆	7 29	D
	☽△☉	7 45	G
5	☽☌♄	7am32	B
Tu	☽⚻♃	2pm34	b
	☽⚻♆	3 13	b
	☽□☿	6 32	B
6	☽□♅	0am57	B
W	☽P☉	4 59	G
	☽P♀	9 19	G
	☉☌♀	1pm 6	
	☽□♂	1 9	B
	☽⚹♇	4 12	G
	☽△♆	4 48	G
	♀⊥♇	7 29	
	☽P♂	7 46	B
	☉⊥♇	9 9	
7	☽□☉	2am48	B
Th	☽□♀	3 4	B
	☽P♇	4 10	D
	☽P♅	9 44	B
	☽⊻♄	10 30	g
	☽P♃	2pm 8	G
	☽∠♇	5 40	b
	☽P☿	10 2	G
	☽⚹☿	11 30	G
8	☽⚹♅	3am59	G
F	☽∠♄	11 48	b
	☽⚹♂	6pm25	G
	☽☍♃	6 52	B
	☽⊻♇	7 2	g
	☽□♆	7 37	B
9	☽∠☿	2am19	b
S	♂△♃	4 11	
	☽∠♅	5 24	b
	♂⊻♇	8 6	
	☽⚹☉	9 18	G
	☽⚹♀	10 37	G
	☽⚹♄	1pm 5	G
	☽∠♂	9 1	b
	♂⊻♆	9 9	
10	☽⊻☿	5am25	g
Su	☽⊻♅	6 53	g
	☽∠☉	0pm37	b
	♀△♄	2 12	
	☽∠♀	2 30	b
	☽☌♇	9 56	D
	☽⚹♆	10 32	G
	☽⊻♂	11 45	g
11	☿☌♅	2am41	
M	☽P☿	5 59	G
	☽P♃	8 56	G
	☉△♄	1pm57	
	☽P♅	2 3	B
	☽□♄	4 3	B
	☽⊻☉	4 13	g
	☽⊻♀	6 38	g

	Aspect	Time	
11	☽P♇	7pm 4	D
	☽⚻♃	11 28	b
12	☽∠♆	0am19	b
Tu	☽☌♅	10 29	B
	☽P♂	11 14	B
	☽☌☿	1pm 9	G
	☿P♃	3 34	
13	☽△♃	1am38	G
W	☽⊻♇	1 52	g
	☽⊻♆	2 30	g
	☽☌♂	6 23	B
	☽P♀	8 33	G
	☽P☉	9 8	G
	☽△♄	8pm24	G
	☿⊥♆	9 52	
14	☽☌☉	0am54	D
Th	♀∠♇	4 1	
	☉P♀	4 9	
	☽∠♇	4 34	b
	☽☌♀	4 37	G
	☽P♆	6 19	D
	☽⊻♅	3pm57	g
	☽⚻♄	11 26	b
15	☽⊻☿	0am 7	g
F	☿P♅	0 12	
	☽P♄	3 13	B
	☽□♃	7 44	B
	☽⚹♇	7 57	G
	☽☌♆	8 39	D
	☽⊻♂	3pm35	g
	☽∠♅	7 42	b
16	☉∠♇	2am47	
S	☽∠☿	7 16	b
	☽⊻☉	0pm51	g
	☿P♄	4 33	
	☽⊻♀	6 8	g
	☽∠♂	9 30	b
17	☽P♄	0am 2	B
Su	☽⚹♅	0 13	G
	☽⚹☿	3pm39	G
	☽⚹♃	4 49	G
	☽□♇	4 59	B
	☽⊻♆	5 45	g
	☽∠☉	8 17	b
	☽P♆	10 17	D
18	☿△♃	2am 6	
M	☽∠♀	2 26	b
	☿⊻♇	3 21	
	☽⚹♂	4 18	G
	☽P♀	7 7	G
	☽P☉	10 13	G
	☿⊻♆	10 14	
	♂⊥♇	0pm22	
	☽☍♄	0 59	B
	☽∠♃	10 28	b
	☽∠♆	11 23	b
19	☽⚹☉	4am35	G
Tu	♀⊻♅	9 48	
	☽□♅	11 26	B
	☽⚹♀	11 37	G
	☽P♂	0pm 6	B
20	☽⊻♃	4am39	g
W	☽△♇	4 42	G
	☽⚹♆	5 33	G
	☽P☿	5 55	G
	☽□☿	11 29	B
	☽P♇	6pm20	D
	☽□♂	7 56	B
	♃∇♇	9 36	
	☽P♅	10 46	B
	♀P♆	10 47	
21	☽P♃	7am 9	G

NOV.—*contd.*

Day	Aspect	Time	
21	☽⚼♇	11am 5	b
	☽□☉	10 p 40	B
22	☽△♅	0am15	G
F	♀⚼♄	6 21	
	☿⊥♇	6 24	
	☽⚼♄	7 12	b
	☽□♀	7 18	B
	☽☌♃	5pm32	G
	☽□♆	6 18	B
	☉⊻♅	6 30	
23	☽⚼♅	6am32	b
S	☽△☿	8 44	G
	☉P♆	9 52	
	☽△♂	0pm 4	G
	☽△♄	1 9	G
24	♂△♄	6am18	
𝔖	♀⊥♅	9 52	
	☽△☉	3pm51	G
	☽⚼☿	6 32	b
	☿△♄	6 40	
	☽⚼♂	7 19	b
25	☽△♀	1am35	G
M	☽☍♇	4 42	B
	☽⊻♃	5 1	g
	☿☌♂	5 21	
	☽△♆	5 37	G
	☽P♃	2pm22	G
	☽⚼☉	11 13	b
	☽□♄	11 14	B
	☉⚼♄	11 26	
	☽P♅	11 27	B
26	☽P♇	2am56	D
Tu	♀✱♇	9 10	
	☽⚼♀	9 16	b
	☽∠♃	9 41	b
	☽⚼♆	10 10	b
	♀P♄	0pm 2	
	♀□♃	1 40	
	♀☌♆	6 42	
	☽☍♅	9 39	B
27	☽✱♃	1pm30	G
W	☽P☿	5 20	G
	☽P♂	6 58	B
28	☿∠♇	5am 9	
Th	☽✱♄	6 8	G
	☿P♂	9 2	
	☽☍♂	11 40	B
	☽⚼♇	3pm53	b
	☽☍☿	5 15	B
	☽P♆	5 47	D
29	☉⊥♅	1am 5	
F	♀±♄	4 21	
	☽∠♄	8 28	b
	☽P☉	8 32	G
	☽P♄	2pm58	B
	☽☍☉	3 10	B
	☽△♇	6 7	G
	☽□♃	6 50	B

Day	Aspect	Time	
29	☽☍♆	7pm 2	B
30	☽☍♀	1am59	B
S	☽⚼♅	5 44	b
	☽⊻♄	10 12	g

DECEMBER

Day	Aspect	Time	
1	☽P♄	3am39	B
𝔖	☽P☉	4 35	G
	☽△♅	7 17	G
	☉✱♇	8 34	
	☉P♄	11 40	
	☽⚼♂	8pm56	b
	☽□♇	9 6	B
	♀∠♅	9 35	
	☉□♃	10 0	
	☽△♃	10 2	G
	☉☌♆	10 9	
2	☽P♆	0am 7	D
M	♂∠♇	0 39	
	♃□♆	0 42	
	☽P☿	6 1	G
	☽⚼☿	7 40	b
	☽☌♄	0pm31	B
	☽P♂	2 54	B
	☿⊻♅	3 46	
	☽⚼♆	11 10	b
	☽⚼♃	11 15	b
	☽△♂	11 16	G
3	☽⚼☉	1am 0	b
Tu	☽□♅	9 37	B
	☽△☿	11 43	G
	☽⚼♀	0pm55	b
	☿P♆	3 20	
	♀∇♄	6 17	
	☽✱♇	11 14	G
4	☽△♆	0am13	G
W	☿⚼♄	2 49	
	☽△☉	3 52	G
	☽P♇	10 2	D
	☉±♄	10 17	
	☽P♅	0pm15	B
	☽⊻♄	2 20	g
	☽△♀	4 21	G
	☽P♃	10 42	G
5	☽∠♇	0am20	b
Th	☽□♂	3 54	B
	☽✱♅	11 57	G
	☽∠♄	3pm24	b
	☽□☿	8 6	B
6	☽⊻♇	1am39	g
F	☽□♆	2 42	B
	♀Q♇	2 43	
	☽☍♃	3 8	B
	☽□☉	10 11	B
	☽∠♅	1pm26	b
	☿⊥♅	3 4	
	☽✱♄	4 43	G
	☽□♀	11 57	B

Day	Aspect	Time	
7	☿P♄	9am11	
S	☽✱♂	9 28	G
	☽⊻♅	3pm13	g
	☿✱♇	11 6	
8	☽☌♇	5am 9	D
𝔖	☽✱☿	5 55	G
	☽✱♆	6 19	G
	☿☌♆	9 29	
	☉∠♅	9 34	
	☽P♃	10 55	G
	☽∠♂	0pm50	b
	☿□♃	4 13	
	☽✱☉	6 0	G
	☽□♄	8 21	B
	☽P♅	11 1	B
9	☽P♇	0am56	D
M	☽∠♆	8 42	b
	☽✱♀	9 21	G
	☽⚼♃	9 33	b
	☽∠☿	11 38	b
	☿±♄	3pm47	
	☽⊻♂	4 43	g
	☽☌♅	7 59	B
	☽∠☉	10 39	b
	☉∇♄	11 56	
10	☽⊻♇	10a 15	g
Tu	☽⊻♆	11 31	g
	☽△♃	0pm33	G
	☉P☿	2 46	
	☽∠♀	2 54	b
	☽⊻☿	6 2	g
11	☽△♄	1am38	G
W	☽⊻☉	3 55	g
	☽∠♇	1pm31	b
	☽P♂	1 48	B
	☽P♆	3 46	D
	☽⊻♀	9 7	g
12	☽☌♂	2am 6	B
Th	☽⊻♅	2 36	g
	♀Q♃	2 59	
	☽⚼♄	5 0	b
	♂⊻♅	11 45	
	☿∠♅	1pm32	
	☽P♄	4 23	B
	♂P♆	5 2	
	☽✱♇	5 17	G
	☽☌♆	6 42	D
	☽□♃	8 7	B
13	☽∠♅	6am42	b
F	☿∇♄	7 56	
	☽☌☿	9 3	G
	☉Q♇	9 53	
	☽☌●	4pm26	D
14	☽P♄	2am51	B
S	♂⚼♄	2 57	
	☿Q♃	4 58	
	♀✱♅	7 46	
	☽✱♅	11 22	G
	☽☌♀	11 45	G

Day	Aspect	Time	
14	☽⊻♂	2pm 2	g
15	☽P♂	0am21	B
𝔖	☽□♇	2 32	B
	☽⊻♆	4 6	g
	☽P♆	4 46	D
	☽✱♃	6 1	G
	☿P♀	8 22	
	☿Q♇	5pm 2	
	☽☍♄	6 23	B
	☽∠♂	9 2	b
16	☽⊻☿	3am23	g
M	☽⊻☉	7 51	g
	☽∠♆	9 39	b
	☽∠♃	11 49	b
	♀⊻♂	0pm26	
	☽□♅	10 25	B
17	☽✱♂	4am38	G
Tu	☽⊻♀	5 28	g
	☽∠☿	1pm45	b
	☽△♇	1 57	G
	☽∠☉	4 32	b
	☽✱♆	3 40	G
	☽⊻♃	6 7	g
18	☽P♇	2am30	D
W	☽P♅	3 56	B
	☽∠♀	3pm12	b
	☽⚼♇	8 14	b
	☽P♃	9 52	G
19	☽✱☿	0am38	G
Th	☽✱☉	1 39	G
	☽△♅	11 4	G
	☽⚼♄	11 59	b
	☉☌☿	8pm 4	
	☽□♂	9 0	B
20	☽✱♀	1am 9	G
F	☽□♆	4 29	B
	☽☌♃	7 29	G
	♀□♇	3pm13	
	☽⚼♅	5 29	b
	☽△♄	6 6	G
21	♀⊻♆	9am23	
S	♂⊥♅	0pm50	
	☽□☉	7 43	B
	☽□☿	10 18	B
	☉Q♃	11 55	
22	☿✱♅	8am23	
𝔖	☽△♂	0pm48	G
	☽☍♇	2 37	B
	☽△♆	4 31	G
	☽P♃	4 42	G
	☿✱♃	7 51	
	☽⊻♃	7 58	g
	☽□♀	7 59	B
23	☽□♄	5am 7	B
M	☽P♅	11 31	B
	☽P♇	0pm34	D
	☉✱♅	7 17	
	☽⚼♂	7 36	b
	♂✱♇	8 45	

Day	Aspect	Time	
23	☽⚼♆	9pm35	b
24	☽∠♃	1am11	b
Tu	♀Q♅	4 59	
	☽☍♅	9 45	B
	☽△☉	10 58	G
	♂P♄	0pm23	
	☽△☿	4 34	G
25	☽✱♃	5am25	G
W	♂☌♆	8 19	
	☽△♀	10 46	G
	☽✱♄	1pm 1	G
	♂±♄	2 37	
	☽⚼☉	4 50	b
	☽⚼☿	11 42	b
26	☽⚼♇	2am58	b
Th	☽P♆	5 54	D
	♀⊥♆	7 26	
	♀☍♄	9 9	
	☽∠♄	3pm32	b
	☽⚼♀	4 14	b
27	☿□♇	3am24	
F	♄±♆	3 32	
	☽△♇	5 11	G
	☽☍♆	7 3	B
	☽P♄	9 20	B
	☽☍♂	9 27	B
	☽□♃	11 0	B
	♀⊥♂	0pm18	
	☽⊻♄	5 12	g
	☽⚼♅	6 4	b
	☿⊻♆	7 56	
	☉P♀	8 27	
28	☽P♄	6am 7	B
S	☽△♅	7pm11	G
29	♂□♃	0am22	
𝔖	☽☍☉	3 51	B
	☽□♇	7 23	B
	☽P♆	8 20	D
	☿✱♃	10 36	
	☽△♃	1pm26	G
	☽☍☿	1 45	B
	☿⊻♂	4 51	
	☽☌♄	6 33	B
30	☿Q♅	0am15	
M	☽☍♀	2 34	B
	☽⚼♆	9 38	b
	☽⚼♃	2pm 0	b
	☽⚼♂	3 27	b
	☽□♅	8 3	B
31	☉□♇	7am 6	
Tu	☿☍♄	7 37	
	☽✱♇	7 56	G
	♀P♂	9 47	
	☽△♆	9 52	G
	☿⊥♆	2pm52	
	☽△♂	4 50	G
	☽P♇	5 36	D
	☽P♅	6 12	B
	☽⊻♄	6 42	g

NOTE.—To obtain Local Mean Time of aspect, *add* the time equivalent of the Longitude if *East* and *subtract* if *West*.

EPHEMERIS TIME

Since this Ephemeris is now calculated in E.T. it will be necessary to convert G.M.T. to E.T. before finding the positions from the tables.

The approximate value of ΔT in 1974 is +44 seconds. Therefore to convert G.M.T. to E.T. add 44 seconds.

Note that one hour must be subtracted from B.S.T. to give G.M.T.

DISTANCES APART OF ALL ☌'s AND ☍'s. IN 1974.

NOTE: The Distances Apart are in Declination. ♇ = Pluto

JANUARY

1	☽ ☍ ♇	10am23	20	4
2	☽ ☍ ♅	11pm59	4	52
3	☽ ☌ ♂	10am42	2	58
5	☽ ☍ ♆	9pm57	3	20
7	☽ ● ♄	8am32	0	53
8	☽ ☍ ☿	11 44	3	33
8	☽ ☍ ☉	0pm37	1	44
9	☉ ☌ ☿	8am24	1	54
10	☽ ☍ ♀	0 11	0	3
10	☽ ☍ ♃	9 53	4	27
13	☽ ☌ ♇	10pm25	20	9
15	☽ ☌ ♅	0 30	4	49
16	☽ ☍ ♂	9am34	2	31
18	☽ ☌ ♆	9pm 0	3	17
19	☿ ☌ ♀	5 12	7	41
20	☽ ☍ ♄	1 57	0	56
23	☽ ☌ ☉	11am 2	2	53
23	☽ ☌ ♀	0pm23	3	29
23	☉ ☌ ♀	9 21	6	30
24	☽ ☌ ☿	9am10	5	21
24	☽ ☌ ♃	8pm48	4	34
28	☿ ☌ ♃	5am33	0	45
28	☽ ☍ ♇	4pm20	20	10
30	☽ ☍ ♅	7am37	4	44
31	☽ ☌ ♂	4pm17	1	53

FEBRUARY

2	☽ ☍ ♆	8am37	3	10
3	☽ ● ♄	4pm21	0	54
5	☽ ☍ ♀	2 30	5	4
6	☽ ☍ ☉	11 25	3	45
7	☽ ☍ ♃	7am46	4	43
8	☽ ☍ ☿	6 34	4	4
10	☽ ☌ ♇	7 21	20	13
11	☽ ☌ ♅	8pm51	4	40
13	☉ ☌ ♃	3 56	0	43
13	☽ ☍ ♂	7 42	1	17
15	☽ ☌ ♆	4am45	3	46
16	☽ ☍ ♄	6pm 0	0	49
19	☽ ☌ ♀	4am13	4	10
21	☽ ☌ ♃	4pm20	4	51
22	☽ ☌ ☉	5am34	4	20
22	☽ ☌ ☿	3pm13	1	4
24	☉ ☌ ☿	8 22	3	28
24	☽ ☍ ♇	9 1	20	12
26	☽ ☍ ♅	0 35	4	33

MARCH

1	☽ ● ♂	0am45	0	30
1	☽ ☍ ♆	3pm58	2	56
2	☽ ● ♄	11 15	0	39
4	☿ ☌ ♃	3am45	3	24
5	☽ ☍ ♀	9 14	1	50
7	☽ ☍ ☿	1 38	2	8
7	☽ ☍ ♃	5 5	5	0
8	☽ ☍ ☉	10 4	4	35
9	☽ ☌ ♇	4pm52	20	14
11	☽ ☌ ♅	5am37	4	30
14	☽ ☍ ♂	10 43	0	14
14	☽ ☌ ♆	1pm 2	2	49
16	☽ ☍ ♄	1am43	0	28
16	♂ ☍ ♆	0pm17	3	10
19	☽ ● ♀	9 54	0	48
21	☽ ☌ ☿	0 10	5	12
21	☽ ☌ ♃	0 27	5	9
21	☿ ☌ ♃	5 19	0	5
23	☽ ☌ ☉	9 24	4	31
24	☽ ☍ ♇	2am23	20	14
25	☽ ☍ ♅	5pm 5	4	27

MARCH—*continued.*

26	☉ ☍ ♇	0pm28	15	45
28	☽ ☍ ♆	9 15	2	42
29	☽ ● ♂	10am22	1	7
30	☽ ● ♄	6 19	0	13

APRIL

3	☽ ☍ ♀	8am36	3	5
3	☽ ☍ ♃	11pm57	5	19
4	☽ ☍ ☿	11 21	6	50
6	☽ ☌ ♇	1am13	20	15
6	☽ ☍ ☉	9pm 1	4	13
7	☽ ☌ ♅	1 33	4	27
10	☽ ☌ ♆	9 25	2	38
12	☽ ☍ ♂	4am19	1	55
12	☽ ☍ ♄	0pm56	0	0
14	♀ ☌ ♃	2 49	0	58
14	☿ ☍ ♇	3 52	13	30
16	☉ ☍ ♅	3am 4	0	34
18	☽ ☌ ♃	8 12	5	28
18	☽ ☌ ♀	2pm53	4	51
20	☽ ☍ ♇	9am16	20	15
20	♂ ☌ ♄	1pm58	2	15
21	☽ ☌ ☿	6am59	6	6
21	☽ ☍ ♅	10pm53	4	28
22	☽ ☌ ☉	10am17	3	36
25	☽ ☍ ♆	2 48	2	35
25	☿ ☍ ♅	7pm29	0	50
26	☽ ● ♄	3 27	0	14
26	☽ ☌ ♂	8 53	2	45

MAY

1	☽ ☍ ♃	3pm32	5	36
2	☽ ☍ ♀	7 46	5	48
3	☽ ☌ ♇	7am32	20	15
4	☉ ☌ ☿	4pm56	0	7
4	☽ ☌ ♅	7 42	4	31
6	☽ ☍ ☉	8am56	2	48
6	☽ ☍ ☿	1pm21	2	26
8	☽ ☌ ♆	4am56	2	35
8	♀ ☍ ♇	7pm29	14	15
10	☽ ☍ ♄	2am18	0	27
10	☽ ☍ ♂	10pm55	3	29
16	☽ ☌ ♃	2am 7	5	44
16	☿ ☍ ♆	10 11	3	20
17	☽ ☍ ♇	5pm20	20	14
18	☽ ☌ ♀	1 58	6	5
19	☽ ☍ ♅	6am15	4	33
21	☽ ☌ ☉	8pm34	1	41
22	☽ ☍ ♆	10am 5	2	37
23	☽ ☌ ☿	6 59	2	23
24	☽ ● ♄	3 43	0	39
25	☽ ☌ ♂	8 26	4	8
26	♀ ☍ ♅	6 46	1	20
29	☽ ☍ ♃	3 55	5	49
30	☉ ☍ ♆	0 41	1	37
30	☽ ☌ ♇	0pm33	20	10

JUNE

1	☽ ☌ ♅	0am20	4	36
1	☽ ☍ ♀	1pm54	5	39
2	☿ ☌ ♄	6am 5	2	28
4	☽ ☌ ♆	10 57	2	39
4	☽ ☍ ☉	10pm11	0	30
6	☽ ☍ ♄	4 17	0	50
7	☽ ☍ ☿	0am 9	2	58
8	☽ ☍ ♂	5pm40	4	41
12	☽ ☌ ♃	4 19	5	54
14	☽ ☍ ♇	1am40	20	5

JUNE—*continued*

15	☽ ☍ ♅	2pm29	4	36
17	☽ ☌ ♀	1 4	4	24
18	☽ ☍ ♆	6pm54	2	40
20	☽ ☌ ●	4am56	0	50
20	☽ ☌ ♄	6pm45	1	0
21	☽ ● ☿	4am40	0	7
22	☽ ☌ ♂	9pm 9	5	6
25	☽ ☍ ♃	1 43	5	56
26	☽ ☌ ♇	6 9	19	58
28	☽ ☌ ♅	5am 5	4	35
30	☉ ☌ ♄	0pm12	0	35
30	☉ ☌ ☿	8 7	4	25

JULY

1	☿ ☌ ♄	5am 5	3	53
1	☽ ☍ ♀	2pm13	2	43
1	☽ ☌ ♆	3 46	2	41
2	♀ ☍ ♆	6am 9	0	3
4	☽ ☍ ☿	1 53	3	10
4	☽ ☍ ♄	5 58	1	10
4	☽ ☍ ☉	0pm41	2	2
7	☽ ☍ ♂	0 10	5	24
10	☽ ☌ ♃	1am13	5	57
11	☽ ☍ ♇	9 29	19	47
12	☽ ☍ ♅	10pm39	4	31
16	☽ ☍ ♆	4am 5	2	39
17	☽ ● ♀	10am38	0	23
18	☽ ☌ ☿	3 41	1	48
18	☽ ☌ ♄	11 4	1	21
19	☽ ☌ ☉	0pm 7	3	6
21	☽ ☌ ♂	11am 4	5	34
22	☽ ☍ ♃	9pm31	5	58
24	☽ ☌ ♇	1am56	19	39
24	☿ ☌ ♄	2pm11	1	15
25	☽ ☌ ♅	11am47	4	26
28	☽ ☌ ♆	8pm33	2	37
31	♀ ☌ ♄	8am58	0	14
31	☽ ☍ ♄	6pm59	1	31
31	☽ ☍ ♀	8 0	1	58

AUGUST

1	☽ ☍ ☿	4pm45	2	57
3	☽ ☍ ☉	3am57	3	53
5	☽ ☍ ♂	6 24	5	36
6	☽ ☌ ♃	4 29	5	57
7	☽ ☍ ♇	4pm45	19	27
9	☽ ☍ ♅	6am22	4	18
12	☽ ☍ ♆	0pm21	2	29
15	☽ ☌ ♄	2am47	1	44
16	☽ ☌ ♀	6 57	3	50
17	☉ ☌ ☿	10 8	1	40
17	☽ ☌ ☉	7pm 2	4	24
17	☽ ☌ ☿	7 44	6	3
19	☽ ☌ ♂	2am12	5	32
19	☽ ☍ ♃	3 43	5	58
20	♂ ☍ ♃	8 50	0	26
20	☽ ☌ ♇	0pm21	19	19
21	☽ ☌ ♅	9 29	4	12
25	☽ ☌ ♆	2am43	2	23
27	☿ ☍ ♃	8pm35	0	8
28	☽ ☍ ♄	7am16	1	56
31	☽ ☍ ♀	5 6	5	10

SEPTEMBER

1	☽ ☍ ☉	7pm25	4	36
2	☿ ☍ ♂	0am37	0	4
2	☽ ☌ ♃	4 10	5	57
3	☽ ☍ ♂	0 37	5	20

SEPT.—*continued*

3	☽ ☍ ☿	2am58	5	8
4	☽ ☍ ♇	0 7	19	11
5	☽ ☍ ♅	2pm 8	4	3
5	☉ ☍ ♃	8 20	1	21
8	☽ ☍ ♆	7pm10	2	12
10	☿ ☌ ♇	0am40	15	1
11	☽ ☌ ♄	3pm57	2	9
15	☽ ☌ ♀	3am27	5	51
15	☽ ☍ ♃	8 46	5	59
16	☽ ☌ ☉	2 46	4	33
16	☽ ☌ ♂	6pm29	5	4
17	☽ ☌ ♇	0am22	19	7
17	♀ ☍ ♃	2pm31	0	6
17	☽ ☌ ☿	6 33	2	46
18	☽ ☌ ♅	9am36	3	57
21	☽ ☌ ♆	11 10	2	5
22	♂ ☌ ♇	3pm47	14	12
24	☽ ☍ ♄	6 44	2	20
24	☿ ☌ ♅	11 20	2	28
29	☽ ☌ ♃	4am10	6	0
30	☉ ☌ ♇	5 50	15	52
30	☽ ☍ ♀	2pm36	5	48

OCTOBER

1	☽ ☍ ♇	8am27	19	5
1	☽ ☍ ☉	10 38	4	11
1	☽ ☍ ♂	7pm18	4	37
2	☽ ☍ ♅	10 57	3	51
3	☽ ☍ ☿	3 6	0	1
6	☽ ☍ ♆	1am29	1	55
8	♀ ☌ ♇	5 7	13	34
9	☽ ☌ ♄	1 25	2	32
12	☽ ☍ ♃	1pm22	6	3
14	☽ ☌ ♇	0 10	19	7
14	☉ ☌ ♂	0 59	0	30
15	☽ ☌ ♀	2am 4	5	8
15	☽ ☌ ♂	11 52	4	8
15	☽ ☌ ☉	0pm26	3	37
15	☽ ☌ ♅	10 35	3	47
16	☽ ● ☿	7 44	0	24
18	☽ ☌ ♆	9 36	1	48
21	☉ ☌ ♅	10 17	0	29
22	☽ ☍ ♄	4am54	2	40
24	♀ ☌ ♂	2pm57	0	38
25	♀ ☌ ♅	6am31	0	34
25	☉ ☌ ☿	1pm29	0	54
25	♂ ☌ ♅	9 22	0	4
26	☽ ☌ ♃	8am10	6	5
26	☿ ☌ ♀	6pm44	1	32
27	☿ ☌ ♂	10am50	0	42
28	☿ ☌ ♅	5 53	0	31
28	☽ ☍ ♇	6pm10	19	10
30	☽ ☍ ☿	5am45	3	56
30	☽ ☍ ♅	9 32	3	44
30	☽ ☍ ♂	2pm53	3	27
30	☽ ☍ ♀	9 59	3	45
31	☽ ☍ ☉	1am19	2	42

NOVEMBER

2	☽ ☍ ♆	9am 2	1	42
5	☽ ☌ ♄	7 32	2	46
6	☉ ☌ ♀	1pm 6	0	44
8	☽ ☍ ♃	6 52	6	6
10	☽ ☌ ♇	9 56	19	16
11	☿ ☌ ♅	2am41	1	39
12	☽ ☌ ♅	10 29	3	42
12	☽ ☌ ☿	1pm 9	5	14
13	☽ ☌ ♂	6am23	2	44
14	☽ ☌ ☉	0 54	1	39

DISTANCES APART OF ALL ☌'s AND ☍'s IN 1974.

NOTE: The Distances Apart are in Declination. ♇ = Pluto

NOV.—*continued*			
14	☽ ☌ ♀	4*am* 37	1 58
15	☽ ☌ ♆	8 39	1 39
18	☽ ☍ ♄	0*pm* 59	2 48
22	☽ ☌ ♃	5 32	6 6
25	☽ ☍ ♇	4*am* 42	19 22
25	☿ ☌ ♂	5 21	1 0
26	♀ ☌ ♆	6*pm* 42	1 29
26	☽ ☍ ♅	9 39	3 41
28	☽ ☍ ♂	11*am* 40	1 48
28	☽ ☍ ☿	5*pm* 15	2 11
29	☽ ☍ ☉	3 10	0 18

NOV.—*continued*			
29	☽ ☍ ♆	7*pm* 2	1 36
30	☽ ☍ ♀	1*am* 59	0 24
DECEMBER			
1	☉ ☌ ♆	10*pm* 9	1 30
2	☽ ☌ ♄	0 31	2 47
6	☽ ☍ ♃	3*am* 8	6 4
8	☽ ☌ ♇	5 9	19 28
8	☿ ☌ ♆	9 29	1 48

DEC.—*continued*			
9	☽ ☌ ♅	7*pm* 59	3 38
12	☽ ● ♂	2*am* 6	0 51
12	☽ ☌ ♆	6*pm* 42	1 33
13	☽ ☌ ☿	9*am* 3	1 29
13	☽ ☌ ●	4*pm* 26	1 0
14	☽ ☌ ♀	11*am* 45	2 35
15	☽ ☍ ♄	6*pm* 23	2 43
19	☉ ☌ ☿	8 4	1 26
20	☽ ☌ ♃	7*am* 29	5 59
22	☽ ☍ ♇	2*pm* 37	19 33

DEC.—*continued*			
24	☽ ☍ ♅	9*am* 45	3 34
25	♂ ☌ ♆	8 19	1 38
26	♀ ☍ ♄	9 9	1 29
27	☽ ☍ ♆	7 3	1 30
27	☽ ☍ ♂	9 27	0 17
29	☽ ☍ ☉	3 51	2 22
29	☽ ☍ ☿	1*pm* 45	4 51
29	☽ ☌ ♄	6 33	2 39
30	☽ ☍ ♀	2*am* 34	4 33
31	☿ ☍ ♄	7 37	2 28

TIME WHEN THE SUN AND MOON ENTER THE ZODIACAL SIGNS IN 1974.

JANUARY		
3	☽ ♉	4*am* 37
5	☽ ♊	7 59
7	☽ ♋	8 28
9	☽ ♌	7 43
11	☽ ♍	7 42
13	☽ ♎	10 23
15	☽ ♏	4*pm* 56
18	☽ ♐	3*am* 13
20	☉ ♒	10 47
20	☽ ♑	3*pm* 48
23	☽ ♒	4*am* 50
25	☽ ♓	5*pm* 1
28	☽ ♈	3*am* 32
30	☽ ♉	11 42

FEBRUARY		
1	☽ ♊	4*pm* 53
3	☽ ♋	7 5
5	☽ ♌	7 12
7	☽ ♍	6 53
9	☽ ♎	8 12
12	☽ ♏	0*am* 59
14	☽ ♐	10 2
16	☽ ♑	10*pm* 17
19	☉ ♓	1*am* 0
19	☽ ♒	11 21
21	☽ ♓	11*pm* 15
24	☽ ♈	9*am* 13
26	☽ ♉	5*pm* 11
28	☽ ♊	11 11

MARCH		
3	☽ ♋	3*am* 0
5	☽ ♌	4 49
7	☽ ♍	5 34
9	☽ ♎	6 53
11	☽ ♏	10 41
13	☽ ♐	6*pm* 22
16	☽ ♑	5*am* 42
18	☽ ♒	6*pm* 38
21	☉ ♈	0*am* 7
21	☽ ♓	6 33
23	☽ ♈	4*pm* 2
25	☽ ♉	11 10
28	☽ ♊	4*am* 33
30	☽ ♋	8 40

APRIL		
1	☽ ♌	11*am* 41
3	☽ ♍	1*pm* 57
5	☽ ♎	4 24
7	☽ ♏	8 26
10	☽ ♐	3*am* 28
12	☽ ♑	1*pm* 57
15	☽ ♒	2*am* 34
17	☽ ♓	2*pm* 44
20	☽ ♈	0*am* 21
20	☉ ♉	11 20
22	☽ ♉	6 53
24	☽ ♊	11 11
26	☽ ♋	2*pm* 18
28	☽ ♌	5 4
30	☽ ♍	8 1

MAY		
2	☽ ♎	11*pm* 40
5	☽ ♏	4*am* 44
7	☽ ♐	0*pm* 6
9	☽ ♑	10 16
12	☽ ♒	10*am* 35
14	☽ ♓	11*pm* 3
17	☽ ♈	9*am* 20
19	☽ ♉	4*pm* 10
21	☉ ♊	10*am* 37
21	☽ ♊	7*pm* 54
23	☽ ♋	9 46
25	☽ ♌	11 13
28	☽ ♍	1*am* 26
30	☽ ♎	5 17

JUNE		
1	☽ ♏	11*am* 11
3	☽ ♐	7*pm* 23
6	☽ ♑	5*am* 50
8	☽ ♒	6*pm* 2
11	☽ ♓	6*am* 43
13	☽ ♈	5*pm* 51
16	☽ ♉	1*am* 46
18	☽ ♊	5 58
20	☽ ♋	7 21
21	☉ ♋	6*pm* 38
22	☽ ♌	7*am* 30
24	☽ ♍	8 12
26	☽ ♎	10 58
28	☽ ♏	4*pm* 41

JULY		
1	☽ ♐	1*am* 21
3	☽ ♑	0*pm* 19
6	☽ ♒	0*am* 41
8	☽ ♓	1*pm* 26
11	☽ ♈	1*am* 10
13	☽ ♉	10 21
15	☽ ♊	3*pm* 53
17	☽ ♋	5 56
19	☽ ♌	5 43
21	☽ ♍	5 11
23	☉ ♌	5*am* 31
23	☽ ♎	6*pm* 20
25	☽ ♏	10 47
28	☽ ♐	7*am* 1
30	☽ ♑	6*pm* 12

AUGUST		
2	☽ ♒	6*am* 46
4	☽ ♓	7*pm* 27
7	☽ ♈	7*am* 15
9	☽ ♉	5*pm* 12
12	☽ ♊	0*am* 15
14	☽ ♋	3 48
16	☽ ♌	4 26
18	☽ ♍	3 43
20	☽ ♎	3 46
22	☽ ♏	6 39
23	☉ ♍	0*pm* 30
24	☽ ♐	1 35
27	☽ ♑	0*am* 16
29	☽ ♒	0*pm* 53

SEPTEMBER		
1	☽ ♓	1*am* 29
3	☽ ♈	0*pm* 58
5	☽ ♉	10 50
8	☽ ♊	6*am* 36
10	☽ ♋	11 40
12	☽ ♌	1*pm* 55
14	☽ ♍	2 12
16	☽ ♎	2 18
18	☽ ♏	4 16
20	☽ ♐	9 48
23	☽ ♑	7*am* 23
23	☉ ♎	9 59
25	☽ ♒	7*pm* 39
28	☽ ♓	8*am* 15
30	☽ ♈	7*pm* 25

OCTOBER		
3	☽ ♉	4*am* 39
5	☽ ♊	0*pm* 1
7	☽ ♋	5 30
9	☽ ♌	9 3
11	☽ ♍	10 56
14	☽ ♎	0*am* 11
16	☽ ♏	2 25
18	☽ ♐	7 16
20	☽ ♑	3*pm* 45
23	☽ ♒	3*am* 20
23	☉ ♏	7*pm* 12
25	☽ ♓	3 57
28	☽ ♈	3*am* 13
30	☽ ♉	0*pm* 1

NOVEMBER		
1	☽ ♊	6*pm* 23
3	☽ ♋	11 2
6	☽ ♌	2*am* 30
8	☽ ♍	5 18
10	☽ ♎	7 59
12	☽ ♏	11 24
14	☽ ♐	4*pm* 40
17	☽ ♑	0*am* 43
19	☽ ♒	11 39
22	☽ ♓	0 12
22	☉ ♐	4*pm* 40
24	☽ ♈	11*am* 59
26	☽ ♉	9*pm* 5
29	☽ ♊	2*am* 58

DECEMBER		
1	☽ ♋	6*am* 22
3	☽ ♌	8 32
5	☽ ♍	10 40
7	☽ ♎	1*pm* 43
9	☽ ♏	6 14
12	☽ ♐	0*am* 35
14	☽ ♑	9 5
16	☽ ♒	7*pm* 49
19	☽ ♓	8*am* 12
21	☽ ♈	8*pm* 35
22	☉ ♑	5*am* 57
24	☽ ♉	6 44
26	☽ ♊	1*pm* 16
28	☽ ♋	4 15
30	☽ ♌	5 5

THE POSITION OF PLUTO (♇) IN 1974.

Date	Long.	Lat.	Dec.	Date	Long.	Lat.	Dec.	Date	Long.	Lat.	Dec.
	° ′	° ′	° ′		° ′	° ′	° ′		° ′	° ′	° ′
Jan. 1	6♎48	16 N38	12 N33	May 11	4♎22	17 N 2	13 N53	Sept. 18	6♎14	16 N12	12 N23
11	6 ℞50	16 44	12 38	21	4 ℞13	16 58	13 52	28	6 38	16 12	12 14
21	6 47	16 49	12 44	31	4 7	16 54	13 50	Oct. 8	7 1	16 12	12 5
31	6 41	16 54	12 51	June 10	4 4	16 49	13 47	18	7 24	16 13	11 58
Feb. 10	6 32	16 59	12 59	20	4 D 4	16 44	13 42	28	7 45	16 16	11 51
20	6 20	17 3	13 7	30	4 8	16 39	13 36	Nov. 7	8 6	16 19	11 45
Mar. 2	6 7	17 6	13 16	July 10	4 15	16 34	13 29	17	8 24	16 23	11 42
12	5 51	17 9	13 24	20	4 25	16 29	13 21	27	8 40	16 27	11 40
22	5 35	17 10	13 31	30	4 38	16 24	13 12	Dec. 7	8 54	16 32	11 40
Apr. 1	5 18	17 10	13 38	Aug. 9	4 53	16 20	13 2	17	9 4	16 37	11 41
11	5 2	17 10	13 44	19	5 11	16 17	12 52	27	9 11	16 43	11 43
21	4 47	17 8	13 48	29	5 31	16 15	12 42	31	9♎13	16 N46	11 N45
May 1	4♎33	17 N 5	13 N51	Sept. 8	5♎52	16 N13	12 N32				

LOCAL MEAN TIME OF SUNRISE FOR LATITUDES
60° North to 50° South
FOR ALL SUNDAYS IN 1974 (ALL TIMES ARE A.M.)

Date	Northern Latitudes								Southern Latitudes					
	LONDON	60°	55°	50°	40°	30°	20°	10°	0°	10°	20°	30°	40°	50°
1973	H M	H M	H M	H M	H M	H M	H M	H M	H M	H M	H M	H M	H M	H M
Dec. 30	8 5	9 4	8 25	7 59	7 22	6 55	6 34	6 16	5 59	5 41	5 22	5 1	4 33	3 53
1974														
Jan. 6	8 5	9 0	8 24	7 58	7 22	6 57	6 36	6 19	6 2	5 45	5 27	5 6	4 39	4 0
,, 13	8 1	8 51	8 18	7 54	7 21	6 57	6 38	6 21	6 5	5 49	5 32	5 12	4 46	4 10
,, 20	7 54	8 40	8 10	7 49	7 18	6 56	6 38	6 22	6 8	5 52	5 37	5 18	4 54	4 21
,, 27	7 45	8 26	8 0	7 41	7 13	6 53	6 37	6 23	6 9	5 55	5 41	5 24	5 2	4 32
Feb. 3	7 35	8 10	7 48	7 31	7 7	6 49	6 35	6 22	6 10	5 58	5 45	5 30	5 11	4 44
,, 10	7 23	7 52	7 34	7 20	6 59	6 44	6 32	6 21	6 11	6 1	5 49	5 36	5 20	4 57
,, 17	7 11	7 33	7 19	7 7	6 50	6 38	6 28	6 19	6 11	6 2	5 53	5 42	5 28	5 9
,, 24	6 57	7 13	7 3	6 54	6 41	6 32	6 24	6 17	6 10	6 3	5 56	5 47	5 36	5 21
Mar. 3	6 41	6 53	6 46	6 40	6 31	6 24	6 19	6 14	6 9	6 4	5 58	5 52	5 44	5 33
,, 10	6 26	6 33	6 28	6 25	6 20	6 16	6 13	6 10	6 7	6 4	6 1	5 57	5 52	5 45
,, 17	6 10	6 12	6 11	6 10	6 9	6 8	6 7	6 6	6 5	6 4	6 3	6 1	5 59	5 56
,, 24	5 54	5 50	5 53	5 55	5 58	5 59	6 1	6 2	6 3	6 4	6 5	6 5	6 6	6 7
,, 31	5 38	5 29	5 35	5 40	5 46	5 51	5 55	5 58	6 1	6 4	6 7	6 9	6 13	6 18
Apr. 7	5 22	5 8	5 17	5 25	5 35	5 43	5 49	5 54	5 59	6 3	6 8	6 14	6 20	6 30
,, 14	5 7	4 47	5 0	5 10	5 24	5 35	5 43	5 50	5 57	6 3	6 10	6 18	6 27	6 40
,, 21	4 53	4 27	4 43	4 56	5 14	5 27	5 38	5 47	5 55	6 3	6 12	6 22	6 34	6 50
,, 28	4 39	4 7	4 27	4 42	5 4	5 20	5 33	5 44	5 54	6 4	6 15	6 27	6 42	7 1
May 5	4 26	3 48	4 12	4 30	4 56	5 14	5 29	5 42	5 53	6 5	6 17	6 31	6 49	7 11
,, 12	4 14	3 30	3 58	4 19	4 48	5 9	5 25	5 40	5 53	6 6	6 20	6 35	6 56	7 22
,, 19	4 3	3 14	3 46	4 9	4 42	5 4	5 23	5 38	5 53	6 7	6 22	6 40	7 2	7 31
,, 26	3 55	3 0	3 36	4 1	4 36	5 1	5 21	5 38	5 53	6 9	6 25	6 44	7 8	7 40
June 2	3 48	2 48	3 28	3 55	4 33	4 59	5 20	5 38	5 54	6 11	6 28	6 48	7 13	7 48
,, 9	3 43	2 40	3 23	3 51	4 31	4 58	5 20	5 38	5 55	6 12	6 30	6 51	7 17	7 53
,, 16	3 42	2 36	3 20	3 50	4 31	4 58	5 20	5 39	5 57	6 14	6 32	6 53	7 20	7 57
,, 23	3 43	2 36	3 21	3 51	4 31	5 0	5 22	5 41	5 58	6 16	6 34	6 55	7 22	8 0
,, 30	3 46	2 41	3 24	3 54	4 34	5 2	5 24	5 43	6 0	6 17	6 35	6 56	7 23	8 0
July 7	3 52	2 49	3 31	3 59	4 38	5 5	5 26	5 44	6 1	6 18	6 35	6 56	7 21	7 57
,, 14	3 59	3 1	3 39	4 6	4 43	5 8	5 29	5 46	6 2	6 18	6 35	6 54	7 18	7 53
,, 21	4 8	3 15	3 50	4 14	4 48	5 12	5 31	5 48	6 3	6 18	6 34	6 52	7 14	7 46
,, 28	4 18	3 31	4 2	4 23	4 54	5 16	5 34	5 49	6 3	6 17	6 31	6 48	7 9	7 37
Aug. 4	4 29	3 47	4 14	4 33	5 1	5 20	5 36	5 50	6 3	6 15	6 28	6 43	7 2	7 27
,, 11	4 39	4 4	4 26	4 43	5 7	5 25	5 39	5 51	6 2	6 13	6 24	6 38	6 54	7 16
,, 18	4 50	4 21	4 39	4 54	5 14	5 29	5 41	5 51	6 1	6 10	6 20	6 31	6 45	7 4
,, 25	5 1	4 37	4 53	5 4	5 21	5 33	5 43	5 51	5 59	6 6	6 15	6 24	6 35	6 50
Sept. 1	5 12	4 54	5 6	5 14	5 27	5 37	5 44	5 51	5 57	6 2	6 9	6 15	6 24	6 35
,, 8	5 24	5 11	5 19	5 25	5 34	5 41	5 46	5 50	5 54	5 58	6 2	6 7	6 12	6 20
,, 15	5 35	5 27	5 32	5 35	5 41	5 44	5 47	5 50	5 52	5 54	5 56	5 59	6 1	6 6
,, 22	5 46	5 43	5 45	5 46	5 47	5 48	5 49	5 49	5 50	5 49	5 49	5 50	5 49	5 50
,, 29	5 57	6 0	5 58	5 56	5 54	5 52	5 50	5 49	5 47	5 45	5 43	5 42	5 38	5 34
Oct. 6	6 8	6 17	6 11	6 7	6 1	5 56	5 52	5 48	5 45	5 41	5 37	5 34	5 27	5 19
,, 13	6 19	6 34	6 25	6 18	6 8	6 0	5 54	5 48	5 43	5 37	5 31	5 25	5 16	5 4
,, 20	6 32	6 51	6 39	6 30	6 15	6 5	5 56	5 49	5 42	5 34	5 26	5 17	5 6	4 50
,, 27	6 44	7 9	6 53	6 41	6 23	6 10	5 59	5 50	5 41	5 32	5 22	5 10	4 56	4 36
Nov. 3	6 56	7 27	7 7	6 53	6 31	6 15	6 2	5 51	5 40	5 30	5 18	5 4	4 47	4 23
,, 10	7 8	7 45	7 22	7 4	6 39	6 21	6 6	5 53	5 40	5 29	5 15	4 59	4 40	4 13
,, 17	7 20	8 3	7 36	7 16	6 47	6 27	6 10	5 55	5 41	5 28	5 13	4 55	4 34	4 3
,, 24	7 32	8 19	7 49	7 27	6 55	6 32	6 14	5 58	5 43	5 28	5 11	4 53	4 29	3 55
Dec. 1	7 43	8 35	8 1	7 37	7 2	6 38	6 19	6 1	5 45	5 29	5 12	4 52	4 26	3 50
,, 8	7 52	8 47	8 11	7 45	7 9	6 43	6 23	6 5	5 48	5 31	5 13	4 51	4 24	3 46
,, 15	7 59	8 57	8 19	7 52	7 15	6 48	6 27	6 9	5 51	5 34	5 15	4 53	4 25	3 45
,, 22	8 3	9 2	8 23	7 56	7 18	6 52	6 30	6 12	5 54	5 37	5 18	4 56	4 28	3 47
,, 29	8 5	9 4	8 25	7 59	7 21	6 55	6 34	6 16	5 58	5 41	5 22	5 1	4 33	3 52
1975														
Jan. 5	8 5	9 1	8 24	7 58	7 22	6 57	6 36	6 19	6 2	5 45	5 27	5 6	4 39	3 59

Example:—To find the time of Sunrise in Jamaica (Latitude 18° N.) on Wednesday June 19th, 1974. On June 16th, L.M.T. = 5h. 20m + $\frac{2}{10}$ × 19m. = 5h. 24m., on June 23rd, L.M.T. = 5h. 22m. + $\frac{2}{10}$ × 19m. = 5h. 26m., therefore L.M.T. on June 19th = 5h. 24m. + $\frac{3}{7}$ × 2m. = 5h. 25m. A.M.

LOCAL MEAN TIME OF SUNRISE FOR LATITUDES

60° North to 50° South

FOR ALL SUNDAYS IN 1974 (ALL TIMES ARE P.M.)

Date	Northern Latitudes									Southern Latitudes				
	LONDON	60°	55°	50°	40°	30°	20°	10°	0°	10°	20°	30°	40°	50°
1973	H M	H M	H M	H M	H M	H M	H M	H M	H M	H M	H M	H M	H M	H M
Dec. 30	4 0	3 2	3 40	4 6	4 43	5 10	5 31	5 49	6 6	6 23	6 42	7 4	7 32	8 12
1974														
Jan. 6	4 7	3 12	3 48	4 14	4 49	5 15	5 35	5 53	6 10	6 26	6 44	7 5	7 32	8 11
,, 13	4 17	3 27	4 0	4 24	4 57	5 21	5 40	5 57	6 13	6 29	6 46	7 6	7 31	8 7
,, 20	4 28	3 43	4 13	4 34	5 5	5 27	5 45	6 0	6 15	6 30	6 46	7 4	7 27	8 0
,, 27	4 40	4 1	4 27	4 46	5 13	5 33	5 49	6 3	6 16	6 29	6 44	7 1	7 22	7 52
Feb. 3	4 53	4 19	4 41	4 57	5 21	5 39	5 53	6 6	6 17	6 29	6 42	6 57	7 16	7 42
,, 10	5 6	4 38	4 56	5 9	5 30	5 45	5 57	6 8	6 18	6 28	6 39	6 52	7 8	7 31
,, 17	5 19	4 56	5 10	5 22	5 38	5 50	6 0	6 9	6 18	6 26	6 35	6 46	7 0	7 18
,, 24	5 31	5 14	5 25	5 33	5 46	5 55	6 3	6 10	6 17	6 23	6 30	6 39	6 50	7 4
Mar. 3	5 44	5 32	5 39	5 45	5 54	6 0	6 6	6 11	6 15	6 20	6 25	6 31	6 39	6 49
,, 10	5 56	5 49	5 53	5 57	6 1	6 5	6 8	6 11	6 14	6 17	6 20	6 24	6 28	6 35
,, 17	6 8	6 7	6 7	6 8	6 9	6 10	6 10	6 11	6 12	6 13	6 14	6 16	6 17	6 20
,, 24	6 19	6 24	6 21	6 19	6 16	6 14	6 12	6 11	6 10	6 9	6 8	6 7	6 6	6 5
,, 31	6 31	6 41	6 35	6 30	6 23	6 18	6 14	6 11	6 8	6 4	6 2	5 58	5 54	5 49
Apr. 7	6 43	6 58	6 48	6 41	6 30	6 22	6 16	6 11	6 6	6 1	5 56	5 50	5 43	5 34
,, 14	6 55	7 15	7 2	6 52	6 37	6 26	6 18	6 11	6 4	5 57	5 50	5 42	5 33	5 20
,, 21	7 6	7 32	7 16	7 3	6 44	6 31	6 20	6 11	6 2	5 53	5 45	5 34	5 23	5 6
,, 28	7 17	7 50	7 29	7 14	6 51	6 35	6 22	6 11	6 1	5 51	5 40	5 28	5 13	4 53
May 5	7 29	8 7	7 43	7 24	6 58	6 40	6 25	6 12	6 0	5 48	5 36	5 22	5 4	4 42
,, 12	7 40	8 24	7 56	7 35	7 5	6 44	6 28	6 13	6 0	5 47	5 33	5 17	4 57	4 31
,, 19	7 51	8 41	8 8	7 45	7 12	6 49	6 30	6 15	6 0	5 46	5 31	5 13	4 51	4 21
,, 26	8 0	8 56	8 19	7 53	7 18	6 53	6 33	6 16	6 1	5 45	5 29	5 10	4 46	4 13
June 2	8 8	9 9	8 29	8 1	7 23	6 57	6 36	6 18	6 2	5 45	5 28	5 8	4 43	4 8
,, 9	8 15	9 19	8 36	8 7	7 28	7 0	6 39	6 20	6 3	5 46	5 27	5 7	4 41	4 4
,, 16	8 19	9 26	8 41	8 11	7 31	7 3	6 41	6 22	6 4	5 47	5 28	5 7	4 40	4 3
,, 23	8 21	9 28	8 43	8 13	7 33	7 4	6 42	6 23	6 6	5 48	5 30	5 9	4 42	4 4
,, 30	8 21	9 26	8 42	8 13	7 33	7 5	6 43	6 25	6 7	5 50	5 32	5 11	4 45	4 8
July 7	8 17	9 19	8 38	8 10	7 31	7 5	6 44	6 25	6 8	5 51	5 34	5 14	4 49	4 12
,, 14	8 12	9 9	8 31	8 5	7 29	7 3	6 43	6 26	6 9	5 53	5 36	5 17	4 53	4 18
,, 21	8 4	8 56	8 22	7 58	7 24	7 0	6 41	6 25	6 10	5 55	5 39	5 21	4 58	4 27
,, 28	7 55	8 41	8 11	7 49	7 18	6 56	6 39	6 24	6 10	5 56	5 42	5 25	5 4	4 36
Aug. 4	7 43	8 24	7 57	7 38	7 11	6 51	6 36	6 22	6 10	5 57	5 44	5 29	5 10	4 45
,, 11	7 30	8 5	7 43	7 26	7 2	6 45	6 32	6 20	6 9	5 57	5 46	5 33	5 17	4 55
,, 18	7 17	7 45	7 27	7 13	6 53	6 38	6 27	6 17	6 7	5 58	5 48	5 37	5 23	5 5
,, 25	7 2	7 25	7 10	6 59	6 43	6 31	6 21	6 13	6 5	5 58	5 50	5 41	5 29	5 15
Sept. 1	6 47	7 4	6 53	6 45	6 32	6 23	6 15	6 9	6 3	5 57	5 51	5 45	5 36	5 25
,, 8	6 31	6 43	6 36	6 30	6 21	6 14	6 9	6 5	6 1	5 57	5 53	5 48	5 43	5 36
,, 15	6 15	6 22	6 18	6 14	6 9	6 6	6 3	6 1	5 58	5 57	5 55	5 52	5 50	5 46
,, 22	5 59	6 1	6 0	5 59	5 58	5 57	5 57	5 56	5 56	5 56	5 56	5 56	5 57	5 57
,, 29	5 43	5 39	5 42	5 43	5 46	5 48	5 50	5 52	5 54	5 56	5 58	6 0	6 4	6 8
Oct. 6	5 28	5 18	5 24	5 28	5 35	5 40	5 44	5 48	5 52	5 56	6 0	6 4	6 10	6 19
,, 13	5 12	4 58	5 7	5 14	5 24	5 32	5 38	5 44	5 50	5 56	6 2	6 8	6 17	6 30
,, 20	4 57	4 38	4 50	4 59	5 14	5 24	5 33	5 41	5 48	5 56	6 4	6 13	6 24	6 41
,, 27	4 43	4 18	4 34	4 46	5 4	5 18	5 29	5 38	5 47	5 57	6 7	6 19	6 32	6 53
Nov. 3	4 30	4 0	4 19	4 34	4 56	5 12	5 25	5 36	5 47	5 58	6 10	6 24	6 40	7 5
,, 10	4 19	3 42	4 6	4 23	4 48	5 7	5 22	5 35	5 48	6 0	6 14	6 30	6 49	7 17
,, 17	4 8	3 27	3 54	4 14	4 42	5 3	5 20	5 35	5 49	6 3	6 18	6 36	6 57	7 28
,, 24	4 0	3 14	3 44	4 6	4 38	5 1	5 19	5 35	5 50	6 6	6 22	6 42	7 5	7 39
Dec. 1	3 55	3 3	3 37	4 1	4 35	5 0	5 19	5 37	5 53	6 9	6 27	6 47	7 13	7 50
,, 8	3 52	2 56	3 33	3 59	4 35	5 0	5 21	5 39	5 56	6 13	6 31	6 52	7 20	7 59
,, 15	3 52	2 53	3 32	3 58	4 36	5 2	5 23	5 42	5 59	6 16	6 35	6 57	7 25	8 5
,, 22	3 53	2 54	3 33	4 0	4 38	5 4	5 25	5 45	6 2	6 20	6 39	7 1	7 29	8 10
,, 29	3 59	3 1	3 39	4 6	4 43	5 9	5 30	5 49	6 6	6 24	6 42	7 4	7 32	8 12
1975														
Jan. 5	4 7	3 10	3 48	4 13	4 49	5 14	5 35	5 52	6 9	6 26	6 45	7 6	7 32	8 12

EXAMPLE:—To find the time of Sunset in Canberra (Latitude 35°.3S.) on Thursday August 1st, 1974. On July 28th, L.M.T. = 5h. 25m. $- \frac{5.3}{10} \times$ 21m. = 5h. 14m., on August 4th, L.M.T. = 5h. 29m. $- \frac{5.3}{10} \times$ 19m. = 5h. 19m., therefore L.M.T. on August 1st = 5h. 14m. $+ \frac{4}{7} \times$ 5m. = 5h. 17m. P.M.

TABLES OF HOUSES FOR LONDON, Latitude 51° 32′ N.

Sidereal Time H.	M.	S.	10 ♈	11 ♉	12 ♊	Ascen ♋ °	′	2 ♌	3 ♍
0	0	0	0	9	22	26	36	12	3
0	3	40	1	10	23	27	17	13	3
0	7	20	2	11	24	27	56	14	4
0	11	0	3	12	25	28	42	15	5
0	14	41	4	13	25	29	17	15	6
0	18	21	5	14	26	29	55	16	7
0	22	2	6	15	27	0 ♌	34	17	8
0	25	42	7	16	28	1	14	18	8
0	29	23	8	17	29	1	55	18	9
0	33	4	9	18	♋	2	33	19	10
0	36	45	10	19	1	3	14	20	11
0	40	26	11	20	1	3	54	20	12
0	44	8	12	21	2	4	33	21	13
0	47	50	13	22	3	5	12	22	14
0	51	32	14	23	4	5	52	23	15
0	55	14	15	24	5	6	30	23	15
0	58	57	16	25	6	7	9	24	16
1	2	40	17	26	6	7	50	25	17
1	6	23	18	27	7	8	30	26	18
1	10	7	19	28	8	9	9	26	19
1	13	51	20	29	9	9	48	27	19
1	17	35	21	♊	10	10	28	28	20
1	21	20	22	1	10	11	8	28	21
1	25	6	23	2	11	11	48	29	22
1	28	52	24	3	12	12	28	♍	23
1	32	38	25	4	13	13	8	1	24
1	36	25	26	5	14	13	48	1	25
1	40	12	27	6	14	14	28	2	25
1	44	0	28	7	15	15	8	3	26
1	47	48	29	8	16	15	48	4	27
1	51	37	30	9	17	16	28	4	28

Sidereal Time H.	M.	S.	10 ♉	11 ♊	12 ♋	Ascen ♌ °	′	2 ♍	3 ♍
1	51	37	0	9	17	16	28	4	28
1	55	27	1	10	18	17	8	5	29
1	59	17	2	11	19	17	48	6	♎
2	3	8	3	12	19	18	28	7	1
2	6	59	4	13	20	19	9	8	2
2	10	51	5	14	21	19	49	9	2
2	14	44	6	15	22	20	29	9	3
2	18	37	7	16	22	21	10	10	4
2	22	31	8	17	23	21	51	11	5
2	26	25	9	18	24	22	32	11	6
2	30	20	10	19	25	23	14	12	7
2	34	16	11	20	25	23	55	13	8
2	38	13	12	21	26	24	36	14	9
2	42	10	13	22	27	25	17	15	10
2	46	8	14	23	28	25	58	15	11
2	50	7	15	24	29	26	40	16	12
2	54	7	16	25	29	27	22	17	12
2	58	7	17	26	♌	28	4	18	13
3	2	8	18	27	1	28	46	18	14
3	6	9	19	27	2	29	28	19	15
3	10	12	20	28	3	0 ♍	12	20	16
3	14	15	21	29	3	0	54	21	17
3	18	19	22	♋	4	1	36	22	18
3	22	23	23	1	5	2	20	22	19
3	26	29	24	2	6	3	2	23	20
3	30	35	25	3	7	3	45	24	21
3	34	41	26	4	7	4	28	25	22
3	38	49	27	5	8	5	11	26	23
3	42	57	28	6	9	5	54	27	24
3	47	6	29	7	10	6	38	27	25
3	51	15	30	8	11	7	21	28	25

Sidereal Time H.	M.	S.	10 ♊	11 ♋	12 ♌	Ascen ♍ °	′	2 ♍	3 ♎
3	51	15	0	8	11	7	21	28	25
3	55	25	1	9	12	8	5	29	26
3	59	36	2	10	12	8	49	♎	27
4	3	48	3	10	13	9	33	1	28
4	8	0	4	11	14	10	17	2	29
4	12	13	5	12	15	11	2	2	♏
4	16	26	6	13	16	11	46	3	1
4	20	40	7	14	17	12	30	4	2
4	24	55	8	15	17	13	15	5	3
4	29	10	9	16	18	14	0	6	4
4	33	26	10	17	19	14	45	7	5
4	37	42	11	18	20	15	30	8	6
4	41	59	12	19	21	16	15	8	7
4	46	16	13	20	21	17	0	9	8
4	50	34	14	21	22	17	45	10	9
4	54	52	15	22	23	18	30	11	10
4	59	10	16	23	24	19	16	12	11
5	3	29	17	24	25	20	3	13	12
5	7	49	18	25	26	20	49	14	13
5	12	9	19	25	27	21	35	14	14
5	16	29	20	26	28	22	20	15	14
5	20	49	21	27	28	23	6	16	15
5	25	9	22	28	29	23	51	17	16
5	29	30	23	29	♍	24	37	18	17
5	33	51	24	♌	1	25	23	19	18
5	38	12	25	1	2	26	9	20	19
5	42	34	26	2	3	26	55	21	20
5	46	55	27	3	4	27	41	21	21
5	51	17	28	4	4	28	27	22	22
5	55	38	29	5	5	29	13	23	23
6	0	0	30	6	6	30	0	24	24

Sidereal Time H.	M.	S.	10 ♋	11 ♌	12 ♍	Ascen ♎ °	′	2 ♎	3 ♏
6	0	0	0	6	6	0	0	24	24
6	4	22	1	7	7	0	47	25	25
6	8	43	2	8	8	1	33	26	26
6	13	5	3	9	9	2	19	27	27
6	17	26	4	10	10	3	5	27	28
6	21	48	5	11	10	3	51	28	29
6	26	9	6	12	11	4	37	29	♐
6	30	30	7	13	12	5	23	♏	1
6	34	51	8	14	13	6	9	1	2
6	39	11	9	15	14	6	55	2	3
6	43	31	10	16	15	7	40	2	4
6	47	51	11	16	16	8	26	3	4
6	52	11	12	17	16	9	12	4	5
6	56	31	13	18	17	9	58	5	6
7	0	50	14	19	18	10	43	6	7
7	5	8	15	20	19	11	28	7	8
7	9	26	16	21	20	12	14	8	9
7	13	44	17	22	21	12	59	8	10
7	18	1	18	23	22	13	45	9	11
7	22	18	19	24	23	14	30	10	12
7	26	34	20	25	24	15	15	11	13
7	30	50	21	26	25	16	0	12	14
7	35	5	22	27	25	16	45	13	15
7	39	20	23	28	26	17	30	13	16
7	43	34	24	29	27	18	15	14	17
7	47	47	25	♍	28	18	59	15	18
7	52	0	26	1	29	19	43	16	19
7	56	12	27	2	29	20	27	17	20
8	0	24	28	3	♎	21	11	18	20
8	4	35	29	4	1	21	56	18	21
8	8	45	30	5	2	22	40	19	22

Sidereal Time H.	M.	S.	10 ♌	11 ♍	12 ♎	Ascen ♎ °	′	2 ♏	3 ♐
8	8	45	0	5	2	22	40	19	22
8	12	54	1	5	3	23	24	20	23
8	17	3	2	6	3	24	7	21	24
8	21	11	3	7	4	24	50	22	25
8	25	19	4	8	5	25	34	23	26
8	29	26	5	9	6	26	18	23	27
8	33	31	6	10	7	27	1	24	28
8	37	37	7	11	8	27	44	25	29
8	41	41	8	12	8	28	26	26	♑
8	45	45	9	13	9	29	8	27	1
8	49	48	10	14	10	29	50	27	2
8	53	51	11	15	11	0 ♏	32	28	3
8	57	52	12	16	12	1	15	29	4
9	1	53	13	17	12	1	58	♐	4
9	5	53	14	18	13	2	39	1	5
9	9	53	15	18	14	3	21	1	6
9	13	52	16	19	15	4	3	2	7
9	17	50	17	20	16	4	44	3	8
9	21	47	18	21	16	5	26	3	9
9	25	44	19	22	17	6	7	4	10
9	29	40	20	23	18	6	48	5	11
9	33	35	21	24	18	7	29	5	12
9	37	29	22	25	19	8	9	6	13
9	41	23	23	26	20	8	50	7	14
9	45	16	24	27	21	9	31	8	15
9	49	9	25	28	22	10	11	9	16
9	53	1	26	28	23	10	51	9	17
9	56	52	27	29	23	11	32	10	18
10	0	43	28	♎	24	12	12	11	19
10	4	33	29	1	25	12	53	12	20
10	8	23	30	2	26	13	33	13	20

Sidereal Time H.	M.	S.	10 ♍	11 ♎	12 ♎	Ascen ♏ °	′	2 ♐	3 ♑
10	8	23	0	2	26	13	33	13	20
10	12	12	1	3	26	14	13	14	21
10	16	0	2	4	27	14	53	15	22
10	19	48	3	5	28	15	33	15	23
10	23	35	4	5	29	16	13	16	24
10	27	22	5	6	29	16	52	17	25
10	31	8	6	7	♏	17	32	18	26
10	34	54	7	8	1	18	12	19	27
10	38	40	8	9	2	18	52	20	28
10	42	25	9	10	2	19	31	20	29
10	46	9	10	11	3	20	11	21	♒
10	49	53	11	11	4	20	50	22	1
10	53	37	12	12	4	21	30	23	2
10	57	20	13	13	5	22	9	24	3
11	1	3	14	14	6	22	49	24	4
11	4	46	15	15	7	23	28	25	5
11	8	28	16	16	7	24	8	26	6
11	12	10	17	17	8	24	47	27	8
11	15	52	18	17	9	25	27	28	9
11	19	34	19	18	10	26	6	29	10
11	23	15	20	19	10	26	45	♑	11
11	26	56	21	20	11	27	25	0	12
11	30	37	22	21	12	28	5	1	13
11	34	18	23	22	13	28	44	2	14
11	37	58	24	23	13	29	24	3	15
11	41	39	25	23	14	0 ♐	3	4	16
11	45	19	26	24	15	0	43	5	17
11	49	0	27	25	15	1	23	6	18
11	52	40	28	26	16	2	3	6	19
11	56	20	29	27	17	2	43	7	20
12	0	0	30	27	17	3	23	8	21

TABLES OF HOUSES FOR LONDON. *Latitude* 51° 32′ *N.*

Sidereal Time.			10 ♎	11 ♎	12 ♏	Ascen ♐		2 ♑	3 ♒
H.	M.	S.	°	°	°	°	′	°	°
12	0	0	0	27	17	3	23	8	21
12	3	40	1	28	18	4	4	9	23
12	7	20	2	29	19	4	45	10	24
12	11	0	3	♏	20	5	26	11	25
12	14	41	4	1	20	6	7	12	26
12	18	21	5	1	21	6	48	13	27
12	22	2	6	2	22	7	29	14	28
12	25	42	7	3	23	8	10	15	29
12	29	23	8	4	23	8	51	16	♓
12	33	4	9	5	24	9	33	17	2
12	36	45	10	6	25	10	15	18	3
12	40	26	11	6	25	10	57	19	4
12	44	8	12	7	26	11	40	20	5
12	47	50	13	8	27	12	22	21	6
12	51	32	14	9	28	13	4	22	7
12	55	14	15	10	28	13	47	23	9
12	58	57	16	11	29	14	30	24	10
13	2	40	17	11	♐	15	14	25	11
13	6	23	18	12	1	15	59	26	12
13	10	7	19	13	1	16	44	27	13
13	13	51	20	14	2	17	29	28	15
13	17	35	21	15	3	18	14	29	16
13	21	20	22	16	4	19	0	♒	17
13	25	6	23	16	4	19	45	1	18
13	28	52	24	17	5	20	31	2	20
13	32	38	25	18	6	21	18	4	21
13	36	25	26	19	7	22	6	5	22
13	40	12	27	20	7	22	54	6	23
13	44	0	28	21	8	23	42	7	25
13	47	48	29	21	9	24	31	8	26
13	51	37	30	22	10	25	20	10	27

Sidereal Time.			10 ♏	11 ♏	12 ♐	Ascen ♐		2 ♒	3 ♓
H.	M.	S.	°	°	°	°	′	°	°
13	51	37	0	22	10	25	20	10	27
13	55	27	1	23	11	26	10	11	28
13	59	17	2	24	11	27	2	12	♈
14	3	8	3	25	12	27	53	14	1
14	6	59	4	26	13	28	45	15	2
14	10	51	5	26	14	29	36	16	4
14	14	44	6	27	15	0 ♑	29	18	5
14	18	37	7	28	15	1	23	19	6
14	22	31	8	29	16	2	18	20	8
14	26	25	9	♐	17	3	14	22	9
14	30	20	10	1	18	4	11	23	10
14	34	16	11	2	19	5	9	25	11
14	38	13	12	2	20	6	7	26	13
14	42	10	13	3	20	7	6	28	14
14	46	8	14	4	21	8	6	29	15
14	50	7	15	5	22	9	8	♓	17
14	54	7	16	6	23	10	11	2	18
14	58	7	17	7	24	11	15	4	19
15	2	8	18	8	25	12	20	6	21
15	6	9	19	9	26	13	27	8	22
15	10	12	20	9	27	14	35	9	23
15	14	15	21	10	27	15	43	11	24
15	18	19	22	11	28	16	52	13	26
15	22	23	23	12	29	18	3	14	27
15	26	29	24	13	♑	19	16	16	28
15	30	35	25	14	1	20	32	17	29
15	34	41	26	15	2	21	48	19	♉
15	38	49	27	16	3	23	8	21	2
15	42	57	28	17	4	24	29	22	3
15	47	6	29	18	5	25	51	24	5
15	51	15	30	18	6	27	15	26	6

Sidereal Time.			10 ♐	11 ♐	12 ♑	Ascen ♑		2 ♓	3 ♉
H.	M.	S.	°	°	°	°	′	°	°
15	51	15	0	18	6	27	15	26	6
15	55	25	1	19	7	28	42	28	7
15	59	36	2	20	8	0 ♒	11	♈	9
16	3	48	3	21	9	1	42	2	10
16	8	0	4	22	10	3	16	3	11
16	12	13	5	23	11	4	53	5	12
16	16	26	6	24	12	6	32	7	14
16	20	40	7	25	13	8	13	9	15
16	24	55	8	26	14	9	57	11	16
16	29	10	9	27	16	11	44	12	17
16	33	26	10	28	17	13	34	14	18
16	37	42	11	29	18	15	26	16	20
16	41	59	12	♑	19	17	20	18	21
16	46	16	13	1	20	19	18	20	22
16	50	34	14	2	21	21	22	21	23
16	54	52	15	3	22	23	29	23	25
16	59	10	16	4	24	25	36	25	26
17	3	29	17	5	25	27	46	27	27
17	7	49	18	6	26	0 ♓	0	28	28
17	12	9	19	7	27	2	19	♉	29
17	16	29	20	8	29	4	40	2	♊
17	20	49	21	9	♒	7	2	3	1
17	25	9	22	10	1	9	26	5	2
17	29	30	23	11	3	11	54	7	3
17	33	51	24	12	4	14	24	8	5
17	38	12	25	13	5	16	58	10	6
17	42	34	26	14	7	19	31	11	7
17	46	55	27	15	8	22	5	13	8
17	51	17	28	16	10	24	41	14	9
17	55	38	29	17	11	27	21	16	10
18	0	0	30	18	13	30	0	17	11

Sidereal Time.			10 ♑	11 ♑	12 ♒	Ascen ♈		2 ♉	3 ♊
H.	M.	S.	°	°	°	°	′	°	°
18	0	0	0	18	13	0	0	17	11
18	4	22	1	20	14	2	39	19	13
18	8	43	2	21	16	5	19	20	14
18	13	5	3	22	17	7	55	22	15
18	17	26	4	23	19	10	29	23	16
18	21	48	5	24	20	13	2	25	17
18	26	9	6	25	22	15	36	26	18
18	30	30	7	26	23	18	6	28	19
18	34	51	8	27	25	20	34	29	20
18	39	11	9	29	27	22	59	♊	21
18	43	31	10	♒	28	25	22	1	22
18	47	51	11	1	♓	27	42	2	23
18	52	11	12	2	2	29	58	4	24
18	56	31	13	3	3	2 ♉	13	5	25
19	0	50	14	4	5	4	24	6	26
19	5	8	15	6	7	6	30	8	27
19	9	26	16	7	9	8	36	9	28
19	13	44	17	8	10	10	40	10	29
19	18	1	18	9	12	12	39	11	♋
19	22	18	19	10	14	14	35	12	1
19	26	34	20	12	16	16	28	13	2
19	30	50	21	13	18	18	17	14	3
19	35	5	22	14	19	20	3	16	4
19	39	20	23	15	21	21	48	17	5
19	43	34	24	16	23	23	29	18	6
19	47	47	25	18	25	25	9	19	7
19	52	0	26	19	27	26	45	20	8
19	56	12	27	20	28	28	18	21	9
20	0	24	28	21	♈	29	49	22	10
20	4	35	29	23	2	1 ♊	19	23	11
20	8	45	30	24	4	2	45	24	12

Sidereal Time.			10 ♒	11 ♒	12 ♈	Ascen ♊		2 ♊	3 ♋
H.	M.	S.	°	°	°	°	′	°	°
20	8	45	0	24	4	2	45	24	12
20	12	54	1	25	6	4	9	25	12
20	17	3	2	27	7	5	32	26	13
20	21	11	3	28	9	6	53	27	14
20	25	19	4	29	11	8	12	28	15
20	29	25	5	♓	13	9	27	29	16
20	33	31	6	2	14	10	43	♋	17
20	37	37	7	3	16	11	58	1	18
20	41	41	8	4	18	13	9	2	19
20	45	45	9	6	19	14	18	3	20
20	49	48	10	7	21	15	25	3	21
20	53	51	11	8	23	16	32	4	21
20	57	52	12	9	24	17	39	5	22
21	1	53	13	11	26	18	44	6	23
21	5	53	14	12	28	19	48	7	24
21	9	53	15	13	29	20	51	8	25
21	13	52	16	15	♉	21	53	9	26
21	17	50	17	16	2	22	53	10	27
21	21	47	18	17	4	23	52	10	28
21	25	44	19	19	5	24	51	11	28
21	29	40	20	20	7	25	48	12	29
21	33	35	21	22	8	26	44	13	♌
21	37	29	22	23	10	27	40	14	1
21	41	23	23	24	11	28	34	15	2
21	45	16	24	25	13	29	29	15	3
21	49	9	25	26	14	0 ♋	22	16	4
21	53	1	26	28	15	1	15	17	4
21	56	52	27	29	16	2	7	18	5
22	0	43	28	♈	18	2	57	19	6
22	4	33	29	2	19	3	48	19	7
22	8	23	30	3	20	4	38	20	8

Sidereal Time.			10 ♓	11 ♈	12 ♉	Ascen ♋		2 ♋	3 ♌
H.	M.	S.	°	°	°	°	′	°	°
22	8	23	0	3	20	4	38	20	8
22	12	12	1	4	21	5	28	21	8
22	16	0	2	6	23	6	17	22	9
22	19	48	3	7	24	7	5	23	10
22	23	35	4	8	25	7	53	23	11
22	27	22	5	9	26	8	42	24	12
22	31	8	6	10	28	9	29	25	13
22	34	54	7	12	29	10	16	26	14
22	38	40	8	13	♊	11	2	26	14
22	42	25	9	14	1	11	47	27	15
22	46	9	10	15	2	12	31	28	16
22	49	53	11	17	3	13	16	29	17
22	53	37	12	18	4	14	1	29	18
22	57	20	13	19	5	14	45	♌	19
23	1	3	14	20	6	15	28	1	19
23	4	46	15	21	7	16	11	2	20
23	8	28	16	23	8	16	54	2	21
23	12	10	17	24	9	17	37	3	22
23	15	52	18	25	10	18	20	4	23
23	19	34	19	26	11	19	3	5	24
23	23	15	20	27	12	19	45	5	24
23	26	56	21	29	13	20	26	6	25
23	30	37	22	♉	14	21	8	7	26
23	34	18	23	1	15	21	50	7	27
23	37	58	24	2	16	22	31	8	28
23	41	39	25	3	17	23	12	9	28
23	45	19	26	4	18	23	53	9	29
23	49	0	27	5	19	24	32	10	♍
23	52	40	28	6	20	25	15	11	1
23	56	20	29	8	21	25	56	12	2
24	0	0	30	9	22	26	36	13	3

TABLES OF HOUSES FOR LIVERPOOL. *Latitude* 53° 25′ N.

Sidereal Time. H.	M.	S.	10 ♈ °	11 ♉ °	12 ♊ °	Ascen ♋ °	′	2 ♌ °	3 ♍ °
0	0	0	0	9	24	28	12	14	3
0	3	40	1	10	25	28	51	14	4
0	7	20	2	12	25	29	30	15	4
0	11	0	3	13	26	0 ♌	9	16	5
0	14	41	4	14	27	0	48	17	6
0	18	21	5	15	28	1	27	17	7
0	22	2	6	16	29	2	6	18	8
0	25	42	7	17	♋	2	44	19	9
0	29	23	8	18	1	3	22	19	10
0	33	4	9	19	1	4	1	20	10
0	36	45	10	20	2	4	39	21	11
0	40	26	11	21	3	5	18	22	12
0	44	8	12	22	4	5	56	22	13
0	47	50	13	23	5	6	34	23	14
0	51	32	14	24	6	7	13	24	14
0	55	14	15	25	6	7	51	24	15
0	58	57	16	26	7	8	30	25	16
1	2	40	17	27	8	9	8	26	17
1	6	23	18	28	9	9	47	26	18
1	10	7	19	29	10	10	25	27	19
1	13	51	20	♊	11	11	4	28	19
1	17	35	21	1	11	11	43	28	20
1	21	20	22	2	12	12	21	29	21
1	25	6	23	3	13	13	0	♍	22
1	28	52	24	4	14	13	39	1	23
1	32	38	25	5	15	14	17	1	24
1	36	25	26	6	15	14	56	2	25
1	40	12	27	7	16	15	35	3	25
1	44	0	28	8	17	16	14	3	26
1	47	48	29	9	18	16	53	4	27
1	51	37	30	10	18	17	32	5	28

Sidereal Time. H.	M.	S.	10 ♉ °	11 ♊ °	12 ♋ °	Ascen ♌ °	′	2 ♍ °	3 ♍ °
1	51	37	0	10	18	17	32	5	28
1	55	27	1	11	19	18	11	6	29
1	59	17	2	12	20	18	51	6	♎
2	3	8	3	13	21	19	30	7	1
2	6	59	4	14	22	20	9	8	2
2	10	51	5	15	22	20	49	9	2
2	14	44	6	16	23	21	28	9	3
2	18	37	7	17	24	22	8	10	4
2	22	31	8	18	25	22	48	11	5
2	26	25	9	19	25	23	28	12	6
2	30	20	10	20	26	24	8	12	7
2	34	16	11	21	27	24	48	13	8
2	38	13	12	22	28	25	28	14	9
2	42	10	13	23	29	26	8	15	10
2	46	8	14	24	29	26	49	15	10
2	50	7	15	25	♌	27	29	16	11
2	54	7	16	26	1	28	10	17	12
2	58	7	17	27	2	28	51	18	13
3	2	8	18	28	2	29	32	19	14
3	6	9	19	29	3	0 ♍	13	19	15
3	10	12	20	29	4	0	54	20	16
3	14	15	21	♋	5	1	36	21	17
3	18	19	22	1	5	2	17	22	18
3	22	23	23	2	6	2	59	23	19
3	26	29	24	3	7	3	41	23	20
3	30	35	25	4	8	4	23	24	21
3	34	41	26	5	9	5	5	25	22
3	38	49	27	6	10	5	47	26	22
3	42	57	28	7	10	6	29	27	23
3	47	6	29	8	11	7	12	27	24
3	51	15	30	9	12	7	55	28	25

Sidereal Time. H.	M.	S.	10 ♊ °	11 ♋ °	12 ♌ °	Ascen ♍ °	′	2 ♍ °	3 ♎ °
3	51	15	0	9	12	7	55	28	25
3	55	25	1	10	13	8	37	29	26
3	59	36	2	11	13	9	20	♎	27
4	3	48	3	12	14	10	3	1	28
4	8	0	4	12	15	10	46	2	29
4	12	13	5	13	16	11	30	2	♏
4	16	26	6	14	17	12	13	3	1
4	20	40	7	15	18	12	56	4	2
4	24	55	8	16	18	13	40	5	3
4	29	10	9	17	19	14	24	6	4
4	33	26	10	18	20	15	8	7	5
4	37	42	11	19	21	15	52	7	6
4	41	59	12	20	21	16	36	8	6
4	46	16	13	21	22	17	20	9	7
4	50	34	14	22	23	18	4	10	8
4	54	52	15	23	24	18	48	11	9
4	59	10	16	24	25	19	32	12	10
5	3	29	17	24	26	20	17	12	11
5	7	49	18	25	26	21	1	13	12
5	12	9	19	26	27	21	46	14	13
5	16	29	20	27	28	22	31	15	14
5	20	49	21	28	29	23	16	16	15
5	25	9	22	29	♍	24	0	17	16
5	29	30	23	♌	1	24	45	18	17
5	33	51	24	1	1	25	30	18	18
5	38	12	25	2	2	26	15	19	19
5	42	34	26	3	3	27	0	20	20
5	46	55	27	4	4	27	45	21	21
5	51	17	28	5	5	28	30	22	21
5	55	38	29	6	6	29	15	23	22
6	0	0	30	7	7	30	0	23	23

Sidereal Time. H.	M.	S.	10 ♋ °	11 ♌ °	12 ♍ °	Ascen ♎ °	′	2 ♎ °	3 ♏ °
6	0	0	0	7	7	0	0	23	23
6	4	22	1	8	7	0	45	24	24
6	8	43	2	9	8	1	30	25	25
6	13	5	3	9	9	2	15	26	26
6	17	26	4	10	10	3	0	27	27
6	21	48	5	11	11	3	45	28	28
6	26	9	6	12	12	4	30	29	29
6	30	30	7	13	12	5	15	29	♐
6	34	51	8	14	13	6	0	♏	1
6	39	11	9	15	14	6	44	1	2
6	43	31	10	16	15	7	29	2	3
6	47	51	11	17	16	8	14	3	4
6	52	11	12	18	17	8	59	4	5
6	56	31	13	19	18	9	43	4	6
7	0	50	14	20	18	10	27	5	6
7	5	8	15	21	19	11	11	6	7
7	9	26	16	22	20	11	56	7	8
7	13	44	17	23	21	12	40	8	9
7	18	1	18	24	22	13	24	8	10
7	22	18	19	24	23	14	8	9	11
7	26	34	20	25	23	14	52	10	12
7	30	50	21	26	24	15	36	11	13
7	35	5	22	27	25	16	20	12	14
7	39	20	23	28	26	17	4	13	15
7	43	34	24	29	27	17	47	13	16
7	47	47	25	♍	28	18	30	14	17
7	52	0	26	1	28	19	13	15	18
7	56	12	27	2	29	19	57	16	18
8	0	24	28	3	♎	20	40	17	19
8	4	35	29	4	1	21	23	17	20
8	8	45	30	5	2	22	5	18	21

Sidereal Time. H.	M.	S.	10 ♌ °	11 ♍ °	12 ♎ °	Ascen ♎ °	′	2 ♏ °	3 ♐ °
8	8	45	0	5	2	22	5	18	21
8	12	54	1	6	2	22	48	19	22
8	17	3	2	7	3	23	30	20	23
8	21	11	3	8	4	24	13	20	24
8	25	19	4	8	5	24	55	21	25
8	29	26	5	9	6	25	37	22	26
8	33	31	6	10	7	26	19	23	27
8	37	37	7	11	7	27	1	24	28
8	41	41	8	12	8	27	43	25	29
8	45	45	9	13	9	28	24	25	♑
8	49	48	10	14	10	29	6	26	1
8	53	51	11	15	11	29	47	27	1
8	57	52	12	16	11	0 ♏	28	28	2
9	1	53	13	17	12	1	9	28	3
9	5	53	14	18	13	1	50	29	4
9	9	53	15	19	14	2	31	♐	5
9	13	52	16	19	15	3	11	1	6
9	17	50	17	20	15	3	52	1	7
9	21	47	18	21	16	4	32	2	8
9	25	44	19	22	17	5	12	3	9
9	29	40	20	23	18	5	52	4	10
9	33	35	21	24	18	6	32	5	11
9	37	29	22	25	19	7	12	5	12
9	41	23	23	26	20	7	52	6	13
9	45	16	24	27	21	8	32	7	14
9	49	9	25	27	21	9	12	8	15
9	53	1	26	28	22	9	51	8	16
9	56	52	27	29	23	10	30	9	17
10	0	43	28	♎	24	11	9	10	17
10	4	33	29	1	24	11	49	11	18
10	8	23	30	2	25	12	28	11	19

Sidereal Time. H.	M.	S.	10 ♍ °	11 ♎ °	12 ♎ °	Ascen ♏ °	′	2 ♐ °	3 ♑ °
10	8	23	0	2	25	12	28	11	19
10	12	12	1	3	26	13	6	12	20
10	16	0	2	4	27	13	45	13	21
10	19	48	3	4	27	14	25	14	22
10	23	35	4	5	28	15	4	15	23
10	27	22	5	6	29	15	42	15	24
10	31	8	6	7	29	16	21	16	25
10	34	54	7	8	♏	17	0	17	26
10	38	40	8	9	1	17	39	18	27
10	42	25	9	10	2	18	17	18	28
10	46	9	10	10	2	18	55	19	29
10	49	53	11	11	3	19	34	20	♒
10	53	37	12	12	4	20	13	21	1
10	57	20	13	13	4	20	52	22	2
11	1	3	14	14	5	21	30	22	3
11	4	46	15	15	6	22	8	23	5
11	8	28	16	16	7	22	46	24	6
11	12	10	17	16	7	23	25	25	7
11	15	52	18	17	8	24	4	26	8
11	19	34	19	18	9	24	42	26	9
11	23	15	20	19	9	25	21	27	10
11	26	56	21	20	10	25	59	28	11
11	30	37	22	20	11	26	38	29	12
11	34	18	23	21	12	27	16	♑	13
11	37	58	24	22	12	27	54	1	14
11	41	39	25	23	13	28	33	1	15
11	45	19	26	24	14	29	11	2	16
11	49	0	27	25	14	29	50	3	17
11	52	40	28	26	15	0 ♐	30	4	18
11	56	20	29	26	16	1	9	5	20
12	0	0	30	27	16	1	48	6	21

TABLES OF HOUSES FOR LIVERPOOL, Latitude 53° 25′ N.

Sidereal Time. H.	M.	S.	10 ♎ °	11 ♎ °	12 ♏ °	Ascen ♐ °	′	2 ♑ °	3 ♒ °
12	0	0	0	27	16	1	48	6	21
12	3	40	1	28	17	2	27	7	22
12	7	20	2	29	18	3	6	8	23
12	11	0	3	♏	18	3	46	9	24
12	14	41	4	0	19	4	25	10	25
12	18	21	5	1	20	5	6	10	26
12	22	2	6	2	21	5	46	11	28
12	25	42	7	3	21	6	26	12	29
12	29	23	8	4	22	7	6	13	♓
12	33	4	9	4	23	7	46	14	1
12	36	45	10	5	24	8	27	15	2
12	40	26	11	6	24	9	8	16	3
12	44	8	12	7	25	9	49	17	5
12	47	50	13	8	26	10	30	18	6
12	51	32	14	9	26	11	12	19	7
12	55	14	15	9	27	11	54	20	8
12	58	57	16	10	28	12	36	21	10
13	2	40	17	11	28	13	19	22	11
13	6	23	18	12	29	14	2	23	12
13	10	7	19	13	♐	14	45	25	13
13	13	51	20	13	1	15	28	26	15
13	17	35	21	14	1	16	12	27	16
13	21	20	22	15	2	16	56	28	17
13	25	6	23	16	3	17	41	29	18
13	28	52	24	17	4	18	26	♒	19
13	32	38	25	17	4	19	11	1	21
13	36	25	26	18	5	19	57	3	22
13	40	12	27	19	6	20	44	4	23
13	44	0	28	20	7	21	31	5	24
13	47	48	29	21	7	22	18	7	26
13	51	37	30	21	8	23	6	8	27

Sidereal Time. H.	M.	S.	10 ♏ °	11 ♏ °	12 ♐ °	Ascen ♐ °	′	2 ♒ °	3 ♓ °
13	51	37	0	21	8	23	6	8	27
13	55	27	1	22	9	23	55	9	28
13	59	17	2	23	10	24	43	10	♈
14	3	8	3	24	10	25	33	12	1
14	6	59	4	25	11	26	23	13	2
14	10	51	5	26	12	27	14	15	4
14	14	44	6	26	13	28	6	16	5
14	18	37	7	27	13	28	59	18	6
14	22	31	8	28	14	29	52	19	8
14	26	25	9	29	15	0 ♑	46	20	9
14	30	20	10	♐	16	1	41	22	10
14	34	16	11	1	17	2	36	23	11
14	38	13	12	2	18	3	33	25	13
14	42	10	13	2	18	4	30	26	14
14	46	8	14	3	19	5	29	28	16
14	50	7	15	4	20	6	29	♓	17
14	54	7	16	5	21	7	30	1	18
14	58	7	17	6	22	8	32	3	20
15	2	8	18	7	23	9	35	5	21
15	6	9	19	8	24	10	39	6	22
15	10	12	20	8	24	11	45	8	23
15	14	15	21	9	25	12	52	10	25
15	18	19	22	10	26	14	1	11	26
15	22	23	23	11	27	15	11	13	27
15	26	29	24	12	28	16	23	15	29
15	30	35	25	13	29	17	37	17	♉
15	34	41	26	14	♑	18	53	19	1
15	38	49	27	15	1	20	10	21	3
15	42	57	28	16	2	21	29	22	4
15	47	6	29	16	3	22	51	24	5
15	51	15	30	17	4	24	15	26	7

Sidereal Time. H.	M.	S.	10 ♐ °	11 ♐ °	12 ♑ °	Ascen ♑ °	′	2 ♓ °	3 ♉ °
15	51	15	0	17	4	24	15	26	7
15	55	25	1	18	5	25	41	28	8
15	59	36	2	19	6	27	10	♈	9
16	3	48	3	20	7	28	41	2	10
16	8	0	4	21	8	0 ♒	14	4	12
16	12	13	5	22	9	1	50	5	13
16	16	26	6	23	10	3	30	7	14
16	20	40	7	24	11	5	13	9	15
16	24	55	8	25	12	6	58	11	17
16	29	10	9	26	13	8	46	13	18
16	33	26	10	27	14	10	38	15	19
16	37	42	11	28	15	12	32	17	20
16	41	59	12	29	16	14	31	19	22
16	46	16	13	♑	18	16	33	20	23
16	50	34	14	1	19	18	40	22	24
16	54	52	15	2	20	20	50	24	25
16	59	10	16	3	21	23	4	26	26
17	3	29	17	4	22	25	21	28	28
17	7	49	18	5	24	27	42	29	29
17	12	9	19	6	25	0 ♓	8	♉	♊
17	16	29	20	7	26	2	37	3	1
17	20	49	21	8	28	5	10	5	3
17	25	9	22	9	29	7	46	6	4
17	29	30	23	10	♒	10	24	8	5
17	33	51	24	11	2	13	7	10	6
17	38	12	25	12	3	15	52	11	7
17	42	34	26	13	4	18	38	13	8
17	46	55	27	14	6	21	27	15	9
17	51	17	28	15	7	24	17	16	10
17	55	38	29	16	9	27	8	18	12
18	0	0	30	17	11	30	0	19	13

Sidereal Time. H.	M.	S.	10 ♑ °	11 ♑ °	12 ♒ °	Ascen ♈ °	′	2 ♉ °	3 ♊ °
18	0	0	0	17	11	0	0	19	13
18	4	22	1	18	12	2	52	21	14
18	8	43	2	20	14	5	43	23	15
18	13	5	3	21	15	8	33	24	16
18	17	26	4	22	17	11	22	25	17
18	21	48	5	23	19	14	8	27	18
18	26	9	6	24	20	16	53	28	19
18	30	30	7	25	22	19	36	♊	20
18	34	51	8	26	24	22	14	1	21
18	39	11	9	27	25	24	50	2	22
18	43	31	10	29	27	27	23	4	23
18	47	51	11	♒	28	29	52	5	24
18	52	11	12	1	♓	2 ♉	18	6	25
18	56	31	13	2	2	4	39	8	26
19	0	50	14	4	4	6	56	9	27
19	5	8	15	5	6	9	10	10	28
19	9	26	16	6	8	11	20	11	29
19	13	44	17	7	10	13	27	12	♋
19	18	1	18	8	11	15	29	14	1
19	22	18	19	9	13	17	28	15	2
19	26	34	20	11	15	19	22	16	3
19	30	50	21	12	17	21	14	17	4
19	35	5	22	13	19	23	2	18	5
19	39	20	23	15	21	24	47	19	6
19	43	34	24	16	23	26	30	20	7
19	47	47	25	17	25	28	10	21	8
19	52	0	26	18	26	29	46	22	9
19	56	12	27	20	28	1 ♊	19	23	10
20	0	24	28	21	♈	2	50	24	11
20	4	35	29	22	2	4	19	25	12
20	8	45	30	23	4	5	45	26	13

Sidereal Time. H.	M.	S.	10 ♒ °	11 ♒ °	12 ♈ °	Ascen ♊ °	′	2 ♊ °	3 ♋ °
20	8	45	0	23	4	5	45	26	13
20	12	54	1	25	6	7	9	27	14
20	17	3	2	26	8	8	31	28	14
20	21	11	3	27	9	9	50	29	15
20	25	19	4	29	11	11	7	♋	16
20	29	26	5	♓	13	12	23	1	17
20	33	31	6	1	15	13	37	2	18
20	37	37	7	3	17	14	49	3	19
20	41	41	8	4	19	15	59	4	20
20	45	45	9	5	20	17	8	5	21
20	49	48	10	7	22	18	15	6	22
20	53	51	11	8	24	19	21	7	22
20	57	52	12	10	25	20	25	7	23
21	1	53	13	11	27	21	28	8	24
21	5	53	14	12	29	22	30	9	25
21	9	53	15	13	♉	23	31	10	26
21	13	52	16	14	2	24	31	11	27
21	17	50	17	16	4	25	30	12	28
21	21	47	18	17	5	26	27	12	28
21	25	44	19	18	7	27	24	13	29
21	29	40	20	20	8	28	19	14	♌
21	33	35	21	21	10	29	14	15	1
21	37	29	22	22	11	0 ♋	8	16	2
21	41	23	23	24	12	1	1	17	3
21	45	16	24	25	14	1	54	17	4
21	49	9	25	26	15	2	46	18	4
21	53	1	26	28	17	3	37	19	5
21	56	52	27	29	18	4	27	20	6
22	0	43	28	♈	20	5	17	20	7
22	4	33	29	2	21	6	5	21	8
22	8	23	30	3	22	6	54	22	8

Sidereal Time. H.	M.	S.	10 ♓ °	11 ♈ °	12 ♉ °	Ascen ♋ °	′	2 ♋ °	3 ♌ °
22	8	23	0	3	22	6	54	22	8
22	12	12	1	4	23	7	42	23	9
22	16	0	2	5	25	8	29	23	10
22	19	48	3	7	26	9	16	24	11
22	23	35	4	8	27	10	3	25	12
22	27	22	5	9	29	10	49	26	13
22	31	8	6	11	♊	11	34	26	13
22	34	54	7	12	1	12	19	27	14
22	38	40	8	13	2	13	3	28	15
22	42	25	9	14	3	13	48	29	16
22	46	9	10	16	4	14	32	29	17
22	49	53	11	17	5	15	15	♌	17
22	53	37	12	18	7	15	58	1	18
22	57	20	13	19	8	16	41	2	19
23	1	3	14	20	9	17	24	2	20
23	4	46	15	22	10	18	6	3	21
23	8	28	16	23	11	18	48	4	21
23	12	10	17	24	12	19	30	4	22
23	15	52	18	25	13	20	11	5	23
23	19	34	19	27	14	20	52	6	24
23	23	15	20	28	15	21	33	6	25
23	26	56	21	29	16	22	14	7	26
23	30	37	22	♉	17	22	54	8	26
23	34	18	23	1	18	23	34	9	27
23	37	58	24	2	19	24	14	9	28
23	41	39	25	4	20	24	54	10	29
23	45	19	26	5	21	25	35	11	♍
23	49	0	27	6	22	26	14	11	0
23	52	40	28	7	22	26	54	12	1
23	56	20	29	8	23	27	33	13	2
24	0	0	30	9	24	28	12	14	3

TABLES OF HOUSES FOR NEW YORK, Latitude 40° 43′ N.

Sidereal Time H.	M.	S.	10 ♈ °	11 ♉ °	12 ♊ °	Ascen ♋ °	′	2 ♌ °	3 ♍ °
0	0	0	0	6	15	18	53	8	1
0	3	40	1	7	16	19	38	9	2
0	7	20	2	8	17	20	23	10	3
0	11	0	3	9	18	21	9	11	4
0	14	41	4	11	19	21	55	12	5
0	18	21	5	12	20	22	40	12	5
0	22	2	6	13	21	23	24	13	6
0	25	42	7	14	22	24	8	14	7
0	29	23	8	15	23	24	54	15	8
0	33	4	9	16	23	25	37	15	9
0	36	45	10	17	24	26	22	16	10
0	40	26	11	18	25	27	5	17	11
0	44	8	12	19	26	27	50	18	12
0	47	50	13	20	27	28	33	19	13
0	51	32	14	21	28	29	18	19	13
0	55	14	15	22	28	0 ♌	3	20	14
0	58	57	16	23	29	0	46	21	15
1	2	40	17	24	♋	1	31	22	16
1	6	23	18	25	1	2	14	22	17
1	10	7	19	26	2	2	58	23	18
1	13	51	20	27	3	3	43	24	19
1	17	35	21	28	3	4	27	25	20
1	21	20	22	29	4	5	12	25	21
1	25	6	23	♊	5	5	56	26	22
1	28	52	24	1	6	6	40	27	22
1	32	38	25	2	7	7	25	28	23
1	36	25	26	2	8	8	9	29	24
1	40	12	27	3	9	8	53	♍	25
1	44	0	28	4	10	9	38	1	26
1	47	48	29	5	10	10	24	1	27
1	51	37	30	6	11	11	8	2	28

Sidereal Time H.	M.	S.	10 ♉ °	11 ♊ °	12 ♋ °	Ascen ♌ °	′	2 ♍ °	3 ♍ °
1	51	37	0	6	11	11	8	2	28
1	55	27	1	7	12	11	53	3	29
1	59	17	2	8	13	12	38	4	♎
2	3	8	3	9	14	13	22	5	1
2	6	59	4	10	15	14	8	5	2
2	10	51	5	11	15	14	53	6	3
2	14	44	6	12	16	15	39	7	4
2	18	37	7	13	17	16	24	8	4
2	22	31	8	14	18	17	10	9	5
2	26	25	9	15	19	17	56	10	6
2	30	20	10	16	20	18	41	10	7
2	34	16	11	17	20	19	27	11	8
2	38	13	12	18	21	20	14	12	9
2	42	10	13	19	22	21	0	13	10
2	46	8	14	19	23	21	47	14	11
2	50	7	15	20	24	22	33	15	12
2	54	7	16	21	25	23	20	16	13
2	58	7	17	22	25	24	7	17	14
3	2	8	18	23	26	24	54	17	15
3	6	9	19	24	27	25	42	18	16
3	10	12	20	25	28	26	29	19	17
3	14	15	21	26	29	27	17	20	18
3	18	19	22	27	♌	28	4	21	19
3	22	23	23	28	1	28	52	22	20
3	26	29	24	29	1	29	40	23	21
3	30	35	25	♋	2	0 ♍	29	24	22
3	34	41	26	1	3	1	17	24	23
3	38	49	27	2	4	2	6	25	24
3	42	57	28	3	5	2	55	26	25
3	47	6	29	4	6	3	43	27	26
3	51	15	30	5	7	4	32	28	27

Sidereal Time H.	M.	S.	10 ♊ °	11 ♋ °	12 ♌ °	Ascen ♍ °	′	2 ♍ °	3 ♎ °
3	51	15	0	5	7	4	32	28	27
3	55	25	1	6	8	5	22	29	28
3	59	36	2	6	8	6	10	♎	29
4	3	48	3	7	9	7	0	1	♏
4	8	0	4	8	10	7	49	2	1
4	12	13	5	9	11	8	40	3	2
4	16	26	6	10	12	9	30	4	3
4	20	40	7	11	13	10	19	4	4
4	24	55	8	12	14	11	10	5	5
4	29	10	9	13	15	12	0	6	6
4	33	26	10	14	16	12	51	7	7
4	37	42	11	15	16	13	41	8	8
4	41	59	12	16	17	14	32	9	9
4	46	16	13	17	18	15	23	10	10
4	50	34	14	18	19	16	14	11	11
4	54	52	15	19	20	17	5	12	12
4	59	10	16	20	21	17	56	13	13
5	3	29	17	21	22	18	47	14	14
5	7	49	18	22	23	19	39	15	15
5	12	9	19	23	24	20	30	16	16
5	16	29	20	24	25	21	22	17	17
5	20	49	21	25	25	22	13	18	18
5	25	9	22	26	26	23	5	18	19
5	29	30	23	27	27	23	57	19	20
5	33	51	24	28	28	24	49	20	21
5	38	12	25	29	29	25	40	21	22
5	42	34	26	♌	♍	26	32	22	22
5	46	55	27	1	1	27	25	23	23
5	51	17	28	2	2	28	16	24	24
5	55	38	29	3	3	29	8	25	25
6	0	0	30	4	4	30	0	26	26

Sidereal Time H.	M.	S.	10 ♋ °	11 ♌ °	12 ♍ °	Ascen ♎ °	′	2 ♎ °	3 ♏ °
6	0	0	0	4	4	0	0	26	26
6	4	22	1	5	5	0	52	27	27
6	8	43	2	6	6	1	44	28	28
6	13	5	3	6	7	2	35	29	29
6	17	26	4	7	8	3	28	♏	♐
6	21	48	5	8	9	4	20	1	1
6	26	9	6	9	10	5	11	2	2
6	30	30	7	10	11	6	3	3	3
6	34	51	8	11	12	6	55	3	4
6	39	11	9	12	13	7	47	4	5
6	43	31	10	13	14	8	38	5	6
6	47	51	11	14	15	9	30	6	7
6	52	11	12	15	15	10	21	7	8
6	56	31	13	16	16	11	13	8	9
7	0	50	14	17	17	12	4	9	10
7	5	8	15	18	18	12	55	10	11
7	9	26	16	19	19	13	46	11	12
7	13	44	17	20	20	14	37	12	13
7	18	1	18	21	21	15	28	13	14
7	22	18	19	22	22	16	19	14	15
7	26	34	20	23	23	17	9	14	16
7	30	50	21	24	23	18	0	15	17
7	35	5	22	25	24	18	50	16	18
7	39	20	23	26	25	19	41	17	19
7	43	34	24	27	26	20	30	18	20
7	47	47	25	28	27	21	20	19	21
7	52	0	26	29	28	22	11	20	22
7	56	12	27	♍	29	23	0	21	23
8	0	24	28	1	♎	23	50	21	24
8	4	35	29	2	1	24	38	22	24
8	8	45	30	3	2	25	28	23	25

Sidereal Time H.	M.	S.	10 ♌ °	11 ♍ °	12 ♎ °	Ascen ♎ °	′	2 ♏ °	3 ♐ °
8	8	45	0	3	2	25	28	23	25
8	12	54	1	4	3	26	17	24	26
8	17	3	2	5	4	27	5	25	27
8	21	11	3	6	5	27	54	26	28
8	25	19	4	7	6	28	43	27	29
8	29	26	5	8	7	29	31	28	♑
8	33	31	6	9	7	0 ♏	20	28	1
8	37	37	7	10	8	1	8	29	2
8	41	41	8	11	9	1	56	♐	3
8	45	45	9	12	10	2	43	1	4
8	49	48	10	13	11	3	31	2	5
8	53	51	11	14	12	4	18	3	6
8	57	52	12	15	12	5	6	4	7
9	1	53	13	16	13	5	53	5	8
9	5	53	14	17	14	6	40	5	9
9	9	53	15	18	15	7	27	6	10
9	13	52	16	19	16	8	13	7	10
9	17	50	17	20	17	9	0	8	11
9	21	47	18	21	18	9	46	9	12
9	25	44	19	22	19	10	33	10	13
9	29	40	20	23	19	11	19	10	14
9	33	35	21	24	20	12	4	11	15
9	37	29	22	24	21	12	50	12	16
9	41	23	23	25	22	13	36	13	17
9	45	16	24	26	23	14	21	14	18
9	49	9	25	27	24	15	7	15	19
9	53	1	26	28	24	15	52	15	20
9	56	52	27	29	25	16	38	16	21
10	0	43	28	♎	26	17	22	17	22
10	4	33	29	1	27	18	7	18	23
10	8	23	30	2	28	18	52	19	24

Sidereal Time H.	M.	S.	10 ♍ °	11 ♎ °	12 ♎ °	Ascen ♏ °	′	2 ♐ °	3 ♑ °
10	8	23	0	2	28	18	52	19	24
10	12	12	1	3	29	19	36	20	25
10	16	0	2	4	29	20	22	20	26
10	19	48	3	5	♏	21	7	21	27
10	23	35	4	6	1	21	51	22	28
10	27	22	5	7	1	22	35	23	28
10	31	8	6	7	2	23	20	24	29
10	34	54	7	8	3	24	4	25	♒
10	38	40	8	9	4	24	48	25	1
10	42	25	9	10	5	25	33	26	2
10	46	9	10	11	6	26	17	27	3
10	49	53	11	12	7	27	2	28	4
10	53	37	12	13	7	27	46	29	5
10	57	20	13	14	8	28	29	♑	6
11	1	3	14	15	9	29	14	1	7
11	4	46	15	16	10	29	57	1	8
11	8	28	16	17	11	0 ♐	42	2	9
11	12	10	17	17	11	1	27	3	10
11	15	52	18	18	12	2	10	4	11
11	19	34	19	19	13	2	55	5	12
11	23	15	20	20	14	3	38	6	13
11	26	56	21	21	14	4	23	7	14
11	30	37	22	22	15	5	6	7	15
11	34	18	23	23	16	5	52	8	16
11	37	58	24	23	17	6	36	9	17
11	41	39	25	24	18	7	20	10	18
11	45	19	26	25	18	8	5	11	19
11	49	0	27	26	19	8	51	12	20
11	52	40	28	27	20	9	37	13	22
11	56	20	29	28	21	10	22	14	23
12	0	0	30	29	21	11	7	15	24

TABLES OF HOUSES FOR NEW YORK, *Latitude* 40° 43′ N.

Sidereal Time.			10 ♎	11 ♎	12 ♏	Ascen ♐		2 ♑	3 ♒
H.	M.	S.	°	°	°	°	′	°	°
12	0	0	0	29	21	11	7	15	24
12	3	40	1	♏	22	11	52	16	25
12	7	20	2	1	23	12	37	17	26
12	11	0	3	1	24	13	19	17	27
12	14	41	4	2	25	14	7	18	28
12	18	21	5	3	25	14	52	19	29
12	22	2	6	4	26	15	38	20	♓
12	25	42	7	5	27	16	23	21	1
12	29	23	8	6	28	17	11	22	2
12	33	4	9	6	28	17	58	23	3
12	36	45	10	7	29	18	45	24	4
12	40	26	11	8	♐	19	32	25	5
12	44	8	12	9	1	20	20	26	7
12	47	50	13	10	2	21	8	27	8
12	51	32	14	11	2	21	57	28	9
12	55	14	15	12	3	22	43	29	10
12	58	57	16	13	4	23	33	♒	11
13	2	40	17	13	5	24	22	1	12
13	6	23	18	14	6	25	11	2	13
13	10	7	19	15	7	26	1	3	15
13	13	51	20	16	7	26	51	5	16
13	17	35	21	17	8	27	40	6	17
13	21	20	22	18	9	28	32	7	18
13	25	6	23	19	10	29	23	8	19
13	28	52	24	19	10	0 ♑	14	9	20
13	32	38	25	20	11	1	7	10	21
13	36	25	26	21	12	2	0	11	23
13	40	12	27	22	13	2	52	12	24
13	44	0	28	23	13	3	46	13	25
13	47	48	29	24	14	4	41	15	26
13	51	37	30	25	15	5	35	16	27

Sidereal Time.			10 ♏	11 ♏	12 ♐	Ascen ♑		2 ♒	3 ♓
H.	M.	S.	°	°	°	°	′	°	°
13	51	37	0	25	15	5	35	16	27
13	55	27	1	25	16	6	30	17	29
13	59	17	2	26	17	7	27	18	♈
14	3	8	3	27	18	8	23	20	1
14	6	59	4	28	18	9	20	21	2
14	10	51	5	29	19	10	18	22	3
14	14	44	6	♐	20	11	16	23	5
14	18	37	7	1	21	12	15	24	6
14	22	31	8	2	22	13	15	26	7
14	26	25	9	2	23	14	16	27	8
14	30	20	10	3	24	15	17	28	9
14	34	16	11	4	24	16	19	♓	11
14	38	13	12	5	25	17	23	1	12
14	42	10	13	6	26	18	27	2	13
14	46	8	14	7	27	19	32	4	14
14	50	7	15	8	28	20	37	5	16
14	54	7	16	9	29	21	44	6	17
14	58	7	17	10	♑	22	51	8	18
15	2	8	18	10	1	23	59	9	19
15	6	9	19	11	2	25	9	11	20
15	10	12	20	12	3	26	19	12	22
15	14	15	21	13	4	27	31	14	23
15	18	19	22	14	5	28	43	15	24
15	22	23	23	15	6	29	57	16	25
15	26	29	24	16	6	1 ♒	12	18	26
15	30	35	25	17	7	2	28	19	28
15	34	41	26	18	8	3	46	21	29
15	38	49	27	19	9	5	5	22	♉
15	42	57	28	20	10	6	25	24	1
15	47	6	29	21	11	7	46	25	3
15	51	15	30	21	13	9	8	27	4

Sidereal Time.			10 ♐	11 ♐	12 ♑	Ascen ♒		2 ♓	3 ♉
H.	M.	S.	°	°	°	°	′	°	°
15	51	15	0	21	13	9	8	27	4
15	55	25	1	22	14	10	31	28	5
15	59	36	2	23	15	11	56	♈	6
16	3	48	3	24	16	13	23	1	7
16	8	0	4	25	17	14	50	3	9
16	12	13	5	26	18	16	19	4	10
16	16	26	6	27	19	17	50	6	11
16	20	40	7	28	20	19	22	7	12
16	24	55	8	29	21	20	56	9	13
16	29	10	9	♑	22	22	30	11	15
16	33	26	10	1	23	24	7	12	16
16	37	42	11	2	24	25	44	14	17
16	41	59	12	3	26	27	23	15	18
16	46	16	13	4	27	29	4	17	19
16	50	34	14	5	28	0 ♓	45	18	20
16	54	52	15	6	29	2	27	20	22
16	59	10	16	7	♒	4	11	21	23
17	3	29	17	8	2	5	56	23	24
17	7	49	18	9	3	7	43	24	25
17	12	9	19	10	4	9	30	26	26
17	16	29	20	11	5	11	18	27	27
17	20	49	21	12	7	13	8	29	28
17	25	9	22	13	8	14	57	♉	♊
17	29	30	23	14	9	16	48	2	1
17	33	51	24	15	10	18	41	3	2
17	38	12	25	16	12	20	33	5	3
17	42	34	26	17	13	22	25	6	4
17	46	55	27	19	14	24	19	7	5
17	51	17	28	20	16	26	12	9	6
17	55	38	29	21	17	28	7	10	7
18	0	0	30	22	18	30	0	12	9

Sidereal Time.			10 ♑	11 ♑	12 ♒	Ascen ♈		2 ♉	3 ♊
H.	M.	S.	°	°	°	°	′	°	°
18	0	0	0	22	18	0	0	12	9
18	4	22	1	23	20	1	53	13	10
18	8	43	2	24	21	3	48	14	11
18	13	5	3	25	23	5	41	16	12
18	17	26	4	26	24	7	35	17	13
18	21	48	5	27	25	9	27	18	14
18	26	9	6	28	27	11	19	20	15
18	30	30	7	29	28	13	12	21	16
18	34	51	8	♒	♓	15	3	22	17
18	39	11	9	2	1	16	52	23	18
18	43	31	10	3	3	18	42	25	19
18	47	51	11	4	4	20	30	26	20
18	52	11	12	5	5	22	17	27	21
18	56	31	13	6	7	24	4	29	22
19	0	50	14	7	9	25	49	♊	23
19	5	8	15	9	10	27	33	1	24
19	9	26	16	10	12	29	15	2	25
19	13	44	17	11	13	0 ♉	56	3	26
19	18	1	18	12	15	2	37	4	27
19	22	18	19	13	16	4	16	6	28
19	26	34	20	14	18	5	53	7	29
19	30	50	21	16	19	7	30	8	♋
19	35	5	22	17	21	9	4	9	1
19	39	20	23	18	22	10	38	10	2
19	43	34	24	19	24	12	10	11	3
19	47	47	25	20	25	13	41	12	4
19	52	0	26	21	27	15	10	13	5
19	56	12	27	23	29	16	37	14	6
20	0	24	28	24	♈	18	4	15	7
20	4	35	29	25	2	19	29	16	8
20	8	45	30	26	3	20	52	17	9

Sidereal Time.			10 ♒	11 ♒	12 ♈	Ascen ♉		2 ♊	3 ♋
H.	M.	S.	°	°	°	°	′	°	°
20	8	45	0	26	3	20	52	17	9
20	12	54	1	27	5	22	14	18	9
20	17	3	2	29	6	23	35	19	10
20	21	11	3	♓	8	24	55	20	11
20	25	19	4	1	9	26	14	21	12
20	29	26	5	2	11	27	31	22	13
20	33	31	6	3	12	28	47	23	14
20	37	37	7	5	14	0 ♊	3	24	15
20	41	41	8	6	15	1	17	25	16
20	45	45	9	7	16	2	29	26	17
20	49	48	10	8	18	3	41	27	18
20	53	51	11	10	19	4	51	28	19
20	57	52	12	11	21	6	1	29	20
21	1	53	13	12	22	7	9	♋	20
21	5	53	14	13	24	8	16	1	21
21	9	53	15	14	25	9	23	2	22
21	13	52	16	16	26	10	30	3	23
21	17	50	17	17	28	11	33	4	24
21	21	47	18	18	29	12	37	5	25
21	25	44	19	19	♉	13	41	6	26
21	29	40	20	21	2	14	43	6	27
21	33	35	21	22	3	15	44	7	28
21	37	29	22	23	4	16	45	8	28
21	41	23	23	24	6	17	45	9	29
21	45	16	24	25	7	18	44	10	♌
21	49	9	25	27	8	19	42	11	1
21	53	1	26	28	9	20	40	12	2
21	56	52	27	29	11	21	37	12	3
22	0	43	28	♈	12	22	33	13	4
22	4	33	29	1	13	23	30	14	5
22	8	23	30	3	14	24	25	15	5

Sidereal Time.			10 ♓	11 ♈	12 ♉	Ascen ♊		2 ♋	3 ♌
H.	M.	S.	°	°	°	°	′	°	°
22	8	23	0	3	14	24	25	15	5
22	12	12	1	4	15	25	19	16	6
22	16	0	2	5	17	26	14	17	7
22	19	48	3	6	18	27	8	17	8
22	23	35	4	7	19	28	0	18	9
22	27	22	5	8	20	28	53	19	10
22	31	8	6	10	21	29	46	20	11
22	34	54	7	11	22	0 ♋	37	21	11
22	38	40	8	12	23	1	28	21	12
22	42	25	9	13	24	2	20	22	13
22	46	9	10	14	25	3	9	23	14
22	49	53	11	15	27	3	59	24	15
22	53	37	12	17	28	4	49	24	16
22	57	20	13	18	29	5	38	25	17
23	1	3	14	19	♊	6	27	26	17
23	4	46	15	20	1	7	17	27	18
23	8	28	16	21	2	8	3	28	19
23	12	10	17	22	3	8	52	28	20
23	15	52	18	23	4	9	40	29	21
23	19	34	19	24	5	10	28	♌	22
23	23	15	20	26	6	11	15	1	23
23	26	56	21	27	7	12	2	2	23
23	30	37	22	28	8	12	49	2	24
23	34	18	23	29	9	13	37	3	25
23	37	58	24	♉	10	14	22	4	26
23	41	39	25	1	11	15	8	5	27
23	45	19	26	2	12	15	53	5	28
23	49	0	27	3	12	16	41	6	29
23	52	40	28	4	13	17	23	7	29
23	56	20	29	5	14	18	8	8	♍
24	0	0	30	6	15	18	53	9	1

PROPORTIONAL LOGARITHMS FOR FINDING THE PLANETS' PLACES

Min.	DEGREES OR HOURS 0	1	2	3	4	5	6	7	8	9	10	11	12	13	14	15	Min.
0	3.1584	1.3802	1.0792	9031	7781	6812	6021	5351	4771	4260	3802	3388	3010	2663	2341	2041	0
1	3.1584	1.3730	1.0756	9007	7763	6798	6009	5341	4762	4252	3795	3382	3004	2657	2336	2036	1
2	2.8573	1.3660	1.0720	8983	7745	6784	5997	5330	4753	4244	3788	3375	2998	2652	2330	2032	2
3	2.6812	1.3590	1.0685	8959	7728	6769	5985	5320	4744	4236	3780	3368	2992	2646	2325	2027	3
4	2.5563	1.3522	1.0649	8935	7710	6755	5973	5310	4735	4228	3773	3362	2986	2640	2320	2022	4
5	2.4594	1.3454	1.0614	8912	7692	6741	5961	5300	4726	4220	3766	3355	2980	2635	2315	2017	5
6	2.3802	1.3388	1.0580	8888	7674	6726	5949	5289	4717	4212	3759	3349	2974	2629	2310	2012	6
7	2.3133	1.3323	1.0546	8865	7657	6712	5937	5279	4708	4204	3752	3342	2968	2624	2305	2008	7
8	2.2553	1.3258	1.0511	8842	7639	6698	5925	5269	4699	4196	3745	3336	2962	2618	2300	2003	8
9	2.2041	1.3195	1.0478	8819	7622	6684	5913	5259	4690	4188	3737	3329	2956	2613	2295	1998	9
10	2.1584	1.3133	1.0444	8796	7604	6670	5902	5249	4682	4180	3730	3323	2950	2607	2289	1993	10
11	2.1170	1.3071	1.0411	8773	7587	6656	5890	5239	4673	4172	3723	3316	2944	2602	2284	1988	11
12	2.0792	1.3010	1.0378	8751	7570	6642	5878	5229	4664	4164	3716	3310	2938	2596	2279	1984	12
13	2.0444	1.2950	1.0345	8728	7552	6628	5866	5219	4655	4156	3709	3303	2933	2591	2274	1979	13
14	2.0122	1.2891	1.0313	8706	7535	6614	5855	5209	4646	4148	3702	3297	2927	2585	2269	1974	14
15	1.9823	1.2833	1.0280	8683	7518	6600	5843	5199	4638	4141	3695	3291	2921	2580	2264	1969	15
16	1.9542	1.2775	1.0248	8661	7501	6587	5832	5189	4629	4133	3688	3284	2915	2574	2259	1965	16
17	1.9279	1.2719	1.0216	8639	7484	6573	5820	5179	4620	4125	3681	3278	2909	2569	2254	1960	17
18	1.9031	1.2663	1.0185	8617	7467	6559	5809	5169	4611	4117	3674	3271	2903	2564	2249	1955	18
19	1.8796	1.2607	1.0153	8595	7451	6546	5797	5159	4603	4109	3667	3265	2897	2558	2244	1950	19
20	1.8573	1.2553	1.0122	8573	7434	6532	5786	5149	4594	4102	3660	3258	2891	2553	2239	1946	20
21	1.8361	1.2499	1.0091	8552	7417	6519	5774	5139	4585	4094	3653	3252	2885	2547	2234	1941	21
22	1.8159	1.2445	1.0061	8530	7401	6505	5763	5129	4577	4086	3646	3246	2880	2542	2229	1936	22
23	1.7966	1.2393	1.0030	8509	7384	6492	5752	5120	4568	4079	3639	3239	2874	2536	2223	1932	23
24	1.7781	1.2341	1.0000	8487	7368	6478	5740	5110	4559	4071	3632	3233	2868	2531	2218	1927	24
25	1.7604	1.2289	0.9970	8466	7351	6465	5729	5100	4551	4063	3625	3227	2862	2526	2213	1922	25
26	1.7434	1.2239	0.9940	8445	7335	6451	5718	5090	4542	4055	3618	3220	2856	2520	2208	1917	26
27	1.7270	1.2188	0.9910	8424	7318	6438	5706	5081	4534	4048	3611	3214	2850	2515	2203	1913	27
28	1.7112	1.2139	0.9881	8403	7302	6425	5695	5071	4525	4040	3604	3208	2845	2509	2198	1908	28
29	1.6960	1.2090	0.9852	8382	7286	6412	5684	5061	4516	4032	3597	3201	2839	2504	2193	1903	29
30	1.6812	1.2041	0.9823	8361	7270	6398	5673	5051	4508	4025	3590	3195	2833	2499	2188	1899	30
31	1.6670	1.1993	0.9794	8341	7254	6385	5662	5042	4499	4017	3583	3189	2827	2493	2183	1894	31
32	1.6532	1.1946	0.9765	8320	7238	6372	5651	5032	4491	4010	3576	3183	2821	2488	2178	1889	32
33	1.6398	1.1899	0.9737	8300	7222	6359	5640	5023	4482	4002	3570	3176	2816	2483	2173	1885	33
34	1.6269	1.1852	0.9708	8279	7206	6346	5629	5013	4474	3994	3563	3170	2810	2477	2168	1880	34
35	1.6143	1.1806	0.9680	8259	7190	6333	5618	5003	4466	3987	3556	3164	2804	2472	2164	1875	35
36	1.6021	1.1761	0.9652	8239	7174	6320	5607	4994	4457	3979	3549	3157	2798	2467	2159	1871	36
37	1.5902	1.1716	0.9625	8219	7159	6307	5596	4984	4449	3972	3542	3151	2793	2461	2154	1866	37
38	1.5786	1.1671	0.9597	8199	7143	6294	5585	4975	4440	3964	3535	3145	2787	2456	2149	1862	38
39	1.5673	1.1627	0.9570	8179	7128	6282	5574	4965	4432	3957	3529	3139	2781	2451	2144	1857	39
40	1.5563	1.1584	0.9542	8159	7112	6269	5563	4956	4424	3949	3522	3133	2775	2445	2139	1852	40
41	1.5456	1.1540	0.9515	8140	7097	6256	5552	4947	4415	3942	3515	3126	2770	2440	2134	1848	41
42	1.5351	1.1498	0.9488	8120	7081	6243	5541	4937	4407	3934	3508	3120	2764	2435	2129	1843	42
43	1.5249	1.1455	0.9462	8101	7066	6231	5531	4928	4399	3927	3501	3114	2758	2430	2124	1838	43
44	1.5149	1.1413	0.9435	8081	7050	6218	5520	4918	4390	3919	3495	3108	2753	2424	2119	1834	44
45	1.5051	1.1372	0.9409	8062	7035	6205	5509	4909	4382	3912	3488	3102	2747	2419	2114	1829	45
46	1.4956	1.1331	0.9383	8043	7020	6193	5498	4900	4374	3905	3481	3096	2741	2414	2109	1825	46
47	1.4863	1.1290	0.9356	8023	7005	6180	5488	4890	4365	3897	3475	3089	2736	2409	2104	1820	47
48	1.4771	1.1249	0.9330	8004	6990	6168	5477	4881	4357	3890	3468	3083	2730	2403	2099	1816	48
49	1.4682	1.1209	0.9305	7985	6975	6155	5466	4872	4349	3882	3461	3077	2724	2398	2095	1811	49
50	1.4594	1.1170	0.9279	7966	6960	6143	5456	4863	4341	3875	3454	3071	2719	2393	2090	1806	50
51	1.4508	1.1130	0.9254	7947	6945	6131	5445	4853	4333	3868	3448	3065	2713	2388	2085	1802	51
52	1.4424	1.1091	0.9228	7929	6930	6118	5435	4844	4324	3860	3441	3059	2707	2382	2080	1797	52
53	1.4341	1.1053	0.9203	7910	6915	6106	5424	4835	4316	3853	3434	3053	2702	2377	2075	1793	53
54	1.4260	1.1015	0.9178	7891	6900	6094	5414	4826	4308	3846	3428	3047	2696	2372	2070	1788	54
55	1.4180	1.0977	0.9153	7873	6885	6081	5403	4817	4300	3838	3421	3041	2691	2367	2065	1784	55
56	1.4102	1.0939	0.9128	7854	6871	6069	5393	4808	4292	3831	3415	3034	2685	2362	2061	1779	56
57	1.4025	1.0902	0.9104	7836	6856	6057	5382	4798	4284	3824	3408	3028	2679	2356	2056	1774	57
58	1.3949	1.0865	0.9079	7818	6841	6045	5372	4789	4276	3817	3401	3022	2674	2351	2051	1770	58
59	1.3875	1.0828	0.9055	7800	6827	6033	5361	4780	4268	3809	3395	3016	2668	2346	2046	1765	59
	0	1	2	3	4	5	6	7	8	9	10	11	12	13	14	15	

RULE:—*Add proportional log. of planet's daily motion to log. of time from noon, and the sum will be the log. of the motion required. Add this to planet's place at noon, if time be* p.m., *but subtract if* a.m. *and the sum will be planet's true place. If Retrograde, subtract for* p.m., *but add for* a.m.

What is the Long. of ☽ April 3rd, 1974 at 2.15 p.m.?
☽'s daily motion —14° 20′

Prop. Log. of 14° 20′	.2239
Prop. Log. of 2h. 15m.	1.0280
☽'s motion in 2h. 15m. = 1° 21′ or Log ...	1.2519

☽'s Long. on April 3 = 28° ♌ 50′ + 1° 21′ = 0° ♍ 11′.

The Daily Motions of the Sun, Moon, Mars, Venus and Mercury will be found on pages 26 to 28.